Sara Amanda Kocher

Dein Volk ist mein Volk, dein Gott ist mein Gott

Sara Amanda Kocher

Dein Volk ist mein Volk, dein Gott ist mein Gott

Das Buch Rut und andere Hungergeschichten
Predigtsammlung

Fromm Verlag

Impressum/Imprint (nur für Deutschland/ only for Germany)
Bibliografische Information der Deutschen Nationalbibliothek: Die Deutsche Nationalbibliothek verzeichnet diese Publikation in der Deutschen Nationalbibliografie; detaillierte bibliografische Daten sind im Internet über http://dnb.d-nb.de abrufbar.

Coverbild: www.ingimage.com

Contact:
International Book Market Service Ltd., 17 Rue Meldrum, Beau Bassin, 1713-01 Mauritius
Website: www.bookmarketservice.com
Email: info@bookmarketservice.com

Gedruckt in: USA, UK, Deutschland. Dieses Buch wurde nicht in Mauritius produziert.

Imprint (only for USA, GB)
Bibliographic information published by the Deutsche Nationalbibliothek: The Deutsche Nationalbibliothek lists this publication in the Deutsche Nationalbibliografie; detailed bibliographic data are available in the Internet at http://dnb.d-nb.de.

Cover image: www.ingimage.com

Contact:
International Book Market Service Ltd., 17 Rue Meldrum, Beau Bassin, 1713-01 Mauritius
Website: www.bookmarketservice.com
Email: info@bookmarketservice.com

Printed in: U.S.A., U.K., Germany. This book was not produced in Mauritius.

ISBN: 978-3-8416-0169-8

INHALT

ZWEITER TEIL:
PREDIGTEN ZU ANDEREN HUNGERGESCHICHTEN

VORWORT

Liebe Leserin, lieber Leser

Die vorliegende Predigtsammlung stammt aus zwei Predigtreihen, die ich in unserer Zürcher Kirchgemeinde in den Jahren 2007 und 2010 gehalten habe. Die einzelnen Predigten sind nicht entstanden, um in einem Buch zu stehen, sondern sie sind Teil eines Gottesdienstes in einer Kirchgemeinde gewesen. Predigten von diesem Sitz im Leben abzutrennen, ist immer gewagt und etwas künstlich. Dennoch bietet ein Predigtbuch auch die Chance, sie in einem thematischen Bogen darzustellen und damit die einzelnen Predigten an Dichte gewinnen zu lassen. Aus diesem Grund habe ich gerne die mir vom Fromm Verlag angebotene Möglichkeit angenommen, dieses Buchprojekt zu realisieren.

Ich habe zwei Reihen vereinigt, die eine thematische Einheit ermöglichen. Es geht um Nahrung und um Nahrungsmangel. Hunger bringt Menschen damals wie heute dazu, ihre Heimat zu verlassen, um in einem fremden Land satt zu werden und überleben zu können.

Das Buch Rut ist eine geschlossene Erzählung, an deren Anfang eine Hungersnot steht, die eine Familie zur Auswanderung zwingt. In dieser Geschichte geht es um zwei Frauen und um ihren solidarischen Weg, das Überleben zu sichern. Der Titel des Buches, *Mein Volk ist dein Volk, dein Gott ist mein Gott,* stammt aus dem eindrucksvollen Schwur Ruts an Noomi. Der zweite Teil des Buches enthält Predigten zu verschiedenen Texten aus der Bibel, die ebenfalls um Hunger und Sattwerden, Essen und Tischgemeinschaften kreisen.

Als ich die Predigten zusammenstellte, erschütterten uns die Nachrichten von der Hungerkatastrophe am Horn von Afrika. Sie zeigten die unerträglichen Bilder des Hungers und wozu Menschen bereit sind, um das Grundbedürfnis nach Essen und Trinken stillen zu können. Doch kaum hat die restliche Welt es wahrgenommen, verschwinden diese schlimmen Realitäten weitgehend wieder aus den Schlagzeilen. Anderseits erschüttern auch die arabischen Revolutionen unsere Gegenwart. Es sind vorwiegend junge Menschen, die oft unter dem Einsatz ihres Lebens gegen ihre Diktaturen aufstehen. Hier kommt der Hunger nach Freiheit und Würde einer jungen Generation zum Ausdruck. Der Erfolg der Revolutionen ist wesentlich damit verbunden, dass diese jungen Menschen sich auch ein wirtschaftliches Auskommen werden sichern können.

Diese Aktualitäten gehören zu diesen Predigten, auch wenn sie darin noch nicht vorkommen können. Predigten sind daher immer etwas Unabgeschlossenes. Die Predigtsammlung nimmt aber keineswegs nur die dunklen Seiten des Hungers und des Mangels auf, sondern auch das Lustvolle des Essens, die Fülle, das Sinnenhafte guter Nahrung und die bereichernde Erfahrung anregender oder friedvoller Essensgemeinschaft.

Die dazugehörigen Bibeltexte sind jeweils der Predigt vorangestellt, allerdings aus Platzgründen nicht immer vollständig. Die Übersetzung des Buches Rut ist meine eigene Übersetzung. Ich habe dort den Gottesnamen jeweils nach dem hebräischen Text wiedergegeben, also mit dem unaussprechbaren *JHWH* oder mit *El Schaddaj*. Diese Übersetzung ist bewusst nahe am hebräischen Text gehalten, um möglichst viele Nuancen hörbar zu machen, auch wenn es aus sprachlicher Sicht holprig wirken kann. Alle andern Bibeltexte stammen aus der Neuen Zürcher Bibel. Sie enthält mehrheitlich den Gottesnamen *HERR.* Da ich diese sprachliche Formulierung nicht unproblematisch finde, da sie einerseits Gott männlich charakterisiert, anderseits in gewissen Bibeltexten ein verwirrendes Zusammenkommen verschiedener *Herren* verursacht, also dort, wo Männer als Herr angesprochen werden und dann wiederum von Gott als dem Herrn die Rede ist und im Neuen Testament auch Christus mit Herr bezeichnet wird, habe ich diese Bezeichnung durch GOTT* oder GOTTES* ersetzt. Dieser sprachliche Platzhalter ist zwar stilistisch nicht in jedem Bibeltext optimal, kommt aber meiner eigenen liturgischen und theologischen Sprache näher und kennzeichnet auch den Raum für die Vielfalt an Gottesnamen, die man sich dort vorstellen kann.

Ich habe mich nach bestem Wissen und Können bemüht, nachträglich alle Quellen von Zitaten und Ideen, die ich in den Predigten verwendet habe, anzugeben und Abdruckbewilligungen für ganze Texte einzuholen. Sollte mir dabei irgendetwas entgangen sein, bitte ich doch, mit mir in Kontakt zu treten.

Ich verwende in Predigten auch gerne Bilder aus der Kunst. Leider ist es ein komplizierter Weg, das Copyright für Bilder zu bekommen, die dann letztlich doch nur schwarz-weiss erscheinen könnten. Einige wichtige Bilder konnte ich dank der eigens für dieses Buch hergestellten Zeichnungen dennoch als Illustration einfügen.

Ich hoffe, dass Sie, liebe Leserin, lieber Leser, durch die Lektüre dieser Predigten und letztlich vor allem durch die Bibeltexte, die ihnen zugrunde liegen, Anregung finden, Herausforderung erleben, Hoffnung sehen.

Zürich, den 31. Oktober 2011

Sara Amanda Kocher

DANK

Es ist eine grosse Aufgabe, für einen Print-to-Order-Verlag eine druckfertige Vorlage abliefern zu können. Alleine hätte ich es kaum geschafft. Ein riesiges Dankeschön gilt daher jenen Personen, welche die Fleissarbeit des Korrekturlesens mitgetragen haben: Samuel Waldburger und Willi Eberle danke ich für eine erste korrigierende Durchsicht und für manche inhaltliche Debatte im Verlauf der Lesearbeit. Maria Theres Wiedemann danke ich herzlich für ihre sehr präzise, umfassende Korrekturarbeit bis ins Pünktchen und für manchen nützlichen Hinweis zur besseren Darstellung. Alejandra Pinggera hat mir spontan zugesagt, die Zeichnungen zur Illustration des Buches Rut zu machen. Für ihre schönen Zeichnungen, die einerseits das Originalgemälde sichtbar machen, anderseits einen eigenen Stil haben, danke ich sehr. Ich danke auch dem Fromm Verlag, der es möglich macht, dass solch marginalen Texte wie Predigten überhaupt veröffentlicht werden können.

ERSTER TEIL:

PREDIGTEN ZUM BUCH RUT

1. MIGRATION

1 1 Und es war in den Tagen, als die Richter richteten, da war eine Hungersnot im Land. Ein Mann ging aus Betlehem in Juda, um als Fremder in den Feldern Moabs zu wohnen, er und seine Frau und seine beiden Söhnen. 2 Und der Name des Mannes war Elimelech, der Name seiner Frau war Noomi, und die Namen seiner beiden Söhne waren Machlon und Kiljon, Efratiter aus Betlehem in Juda.

Und sie kamen in die Felder von Moab und lebten dort. 3 Da starb Elimelech, der Mann der Noomi, und sie blieb übrig mit ihren beiden Söhnen. 4 Und diese nahmen sich moabitische Frauen: Der Name der einen war Orpa, und der Name der anderen war Rut. Und sie blieben etwa zehn Jahre dort. 5 Und auch die beiden, Machlon und Kiljon, starben, und die Frau blieb zurück, ohne ihre beiden Kinder und ohne ihren Mann.

6 Da stand sie auf, um mit ihren Schwiegertöchtern aus den Feldern Moabs zurückzukehren, denn sie hatte im Gebiet Moabs gehört, dass sich JHWH seines Volks angenommen hatte, indem er ihm Brot gab. 7 Und sie verliess den Ort, an dem sie war, sie und ihre beiden Schwiegertöchter. Und sie waren auf dem Weg, um ins Land Juda zurückzukehren. **Rut 1,1-7**

Ein Neuanfang kann nur geschehen, wenn ein Abschied vorausgeht. Ein Neuanfang verlangt, Bisheriges abzubrechen. Ein Neuanfang ist bewegt vom Rückblick auf das Vergangene und dem Vorausblick auf das, was kommen könnte. Mit einem Neuanfang liegt man einen Moment lang verletzlich irgendwo dazwischen.

Mit der Wahl in Ihre Kirchgemeinde fange ich heute neu an. Es ist ein privilegierter und freudvoller Anfang, denn ich konnte aus freien Stücken entscheiden, diesen Neuanfang zu wagen. Ich konnte entscheiden, meine Wahl anzunehmen. Ich werde mein Brot damit verdienen können. Aber auch in meinem Falle hat es bedeutet, dass ich etwas abbrechen und Abschied nehmen musste: Ich habe meine bisherige Pfarrstelle aufgegeben und die Arbeit von vielen Jahren jemand anderem übergeben. Ich habe mich von vielen Menschen verabschiedet, und manche werde ich nie mehr sehen, andere vielleicht noch hin und wieder. Denn auch die geographische Distanz ist deutlich. Ich habe meinen Heimatkanton verlassen und bin damit gleichzeitig auch in eine andere Landeskirche gekommen. Zum Abschied gehört auch das Aufgeben der bisherigen Wohnung, des vertrauten Arztes, des Dorfladens. Kein Zweifel: Es ist ein Abbruch. Da gibt es auch etwas Schmerz, Trauer und die Ungewissheit darüber, wie ich mich einleben kann und wie ich aufgenommen werde. Und trotzdem: Es ist ein privilegierter und freudvoller Anfang!

Wie anders beginnt da die Geschichte aus dem Buch Rut! Wie anders geschieht dort der Abbruch des bisherigen Lebens! Schlicht wird berichtet, dass in Betlehem eine Hungersnot herrsche. Ausgerechnet in Betlehem, in Beth-Lechem – das nach späterer populärer Übersetzung *Haus des Brotes* bedeutet – geht das Brot aus. Und dies bewirkt, was eine solche Katastrophe bis heute bewirkt: Die Ernten fallen aus. Das Vieh stirbt, oder man muss es notschlachten. Die Essschalen werden von Tag zu Tag leerer. Die Vorräte neigen sich dem Ende zu. Krankheiten raffen die Geschwächten dahin. Jene, die noch Kraft haben, müssen einen Entscheid treffen. Doch die Wahlmöglichkeiten sind bitter: Zu bleiben und zu sterben. Oder aufzubrechen und im Unbekannten eine neue Zukunft zu beginnen.

Inmitten dieser Not vieler fällt der Scheinwerfer auf eine Familie: Auf Elimelech und Noomi mit ihren beiden Söhnen Machlon und Kiljon. Vielleicht hätten sich die Eltern gesagt: *Legen wir uns hin, um zu sterben. Die Dunkelheit komme über uns wie eine Decke!* Aber die Söhne, sie können noch eine Zukunft haben. Sie sind auch die Zukunft der Eltern, denn sie werden den Namen der Eltern im Volk Juda weitertragen. Und so wandert die kleine Familie aus, um Asyl im fremden Moab zu suchen.

Immer wieder fangen die grossen Geschichten der Bibel mit dem Weggehen an. Immer wieder: Verlust der Heimat, fremdes Brot, fremde Luft, Flüchtlingslos. Hier ist es der Hunger, der die kleine Familie von der Heimat in eine ungewisse Zukunft vertreibt.

Wir beten in jedem Gottesdienst: *Unser tägliches Brot gib uns heute.* Es geht uns leicht über die Lippen. Die Schweiz ist nicht brotlos. Sie hat vieles im Überfluss, auch wenn die Armut ganz versteckt auch hier vorhanden ist.

Schulkinder werfen im Vorbeigehen ihre angebissenen Sandwiches und Pizzas, die Hüllen von Chips und Dosen in den Pfarrgarten. Sie sind stumme Zeugen des Überflusses. Doch auf der andern Seite: Manchen von diesen Kindern fehlt vielleicht auch Nahrung. Nahrung in Form von Lebenswärme, Zuneigung, Geborgenheit, Verständnis.

Wenn alte Leute hierzulande aus ihrem Leben berichten, dann kann man sehr wohl auch Geschichten von Brotlosigkeit vernehmen: Zum Beispiel jene von Verdingkindern, die unter den erbärmlichsten Bedingungen im Stall hungern mussten, während die fremden Gastgeber am Tisch das Abendessen gegessen haben. Ein Mann, der dies so in seiner Kindheit erlebt hat, meinte zu mir: *Nur die Kühe im Stall haben mir Geborgenheit gegeben und mich den leeren Magen manchmal etwas vergessen lassen.*

Haben Sie schon alte Fotos von Bergbauern und Landarbeiterinnen aus abgelegenen Bergtälern betrachtet? Es sind sprechende Bilder: Wie vielen sieht man die Entbehrung an den mageren, verbitterten Gesichtern und den hoffnungslosen Augen an! Man erinnere sich auch an die herzerweichenden Geschichten der Tessiner Burschen (aus dem italienischsprachigen Teil der Schweiz), die nach Mailand zum Dienst als lebende Kaminbürsten geschickt worden sind, weil die Familien nicht für alle Kinder genug Brot hatten. Manche von Ihnen werden den Roman *Schwarze Brüder* von Lisa Tetzner noch in lebendiger Erinnerung haben!

Es gibt auch Hungergeschichten aus den Weltkriegen, auch wenn die Not in der Schweiz sich überhaupt nicht vergleichen lässt mit derjenigen in den unmittelbar vom Krieg betroffenen Ländern.

Hunger hat ganz unterschiedliche Hintergründe. Was die Hungersnot im Buch Rut ausgelöst hat, erfahren wir nicht. In unserer Gegenwart ist es – abgesehen von Krieg und der ökonomischen Ungerechtigkeit – auch der Klimawandel, der zum Auszug von Menschengruppen führen kann. An den spanischen Küsten können Ferienreisende drastisch mit dieser Realität konfrontiert werden. Es ist möglich, dass sie auf ein mit Flüchtlingen überladenes Fischerboot stossen oder gar auf die angeschwemmte Leiche eines afrikanischen Flüchtlings. Unter gefährlichsten Bedingungen nämlich nehmen diese Menschen die Flucht auf sich. Die Sahelzone trocknet aus. Regen kommt zu spät, dann aber heftig und zerstörerisch. Diese Menschen flüchten, weil es die einzige Möglichkeit ist, eine Chance zum Überleben zu haben.

So verbindet sich die Rut-Geschichte bereits mit ihren ersten Sätzen mit unzähligen andern Schicksalen von Brotlosigkeit und Not, vergangenen und heutigen. Die Hungersnot zwingt die Familie, nach Moab zu gehen. Ausgerechnet Moab! Die Moabiter nämlich, südöstlich des Toten Meeres, gelten als anrüchiges Volk. Irgendwie ist man verwandt, weit zurück, aber man schämt sich ihrer. Ihre Kultur ist dem Volk aus Juda fremd. Was wird man da erwarten? Die Familie aus Betlehem geht wirklich nur aus bitterster Not nach Moab. Auch hier ist die Erzählung wortkarg. Wir erfahren von keinen Schwierigkeiten, die sie in Moab erwarten. Sie assimilieren sich. Die Söhne heiraten einheimische Frauen. Stellte dies damals wirklich kein Problem dar?

Aus unseren eigenen Erfahrungen wissen wir, dass es selten unproblematisch ist, wenn unterschiedliche Kulturen aufeinander prallen. Ich erinnere mich noch, wie ich in der ersten Klasse neben einem Knaben zu sitzen kam. Schüchtern wie ich war, wagte ich ihn kaum anzuschauen. Denn er sah mit seinen dunklen Locken und dem etwas dunkleren Teint nicht nur anders aus als die meisten von uns, sondern sein Name war für uns kaum auszusprechen: Er war das Kind eines italienischen Maurers aus Süditalien. Seine etwas füllige Schwester – mit einem dunkelblauen Faltenjupe und einer weissen Bluse meist sonntäglich gekleidet – holte ihn jeweils von der Schule ab.

Es war meine erste Konfrontation mit Migranten und Migrantinnen. Aus brotlosen Landstrichen Italiens kamen sie in den 50er Jahren in die Schweiz: Zuerst kamen die jungen Männer. Sie standen mit einem verlorenen, verbissenen oder wild entschlossenen Ausdruck an der Grenze, in der Hoffnung auf Arbeit und damit auf Brot für die Familie zuhause in Italien. Später kamen dann die Frauen und die Kinder nach. Schliesslich wurden hier Kinder geboren. Unsere italienischen Klassenkameraden besuchten nebst unserer Schule noch die Italienisch-Schule. Ihr Anderssein drückte sich für uns auch darin aus, dass sie sehr streng katholisch waren. Sie brachten deutlich etwas Neues in unsere kleine Welt.

Vielleicht erinnern Sie sich selbst, beschämt wie ich, wie man damals in der Schweiz über die italienischen Gastarbeiter/innen gesprochen hat. Man hat sie nicht gerade liebevoll *Tschingge* oder *Spaghettifresser* genannt, und hinter vorgehaltener Hand hat man gemunkelt, man solle auf die Vögel und Katzen aufpassen – die stünden nämlich zuoberst auf ihrem Speisezettel. Und heute? Wir gehören in der Schweiz zu den grössten Pasta- und Spaghettiessern. *Vino rosso* und *Espresso, Broccoli* und die *moda italiana* – all das ist kaum mehr aus unserem Alltag wegzudenken. Der italienische Lebensstil ist beliebt. Die italienischen Bürger/innen schauen wir als die Unsrigen an. Nur, an ihre Stelle sind andere getreten! Wie rasch ist es auch vergessen gegangen, dass wir früher hier in der Deutschschweiz die Menschen aus der italienischen Schweiz als fremdländische Untermenschen betrachtet haben.

In den letzten Jahren ist ein Teil der inzwischen pensionierten Italiener und Italienerinnen – nach Jahrzehnten des Lebens und Arbeitens in der Schweiz – nach Italien zurückgekehrt. Dort hat man längst mit dem hart verdienten Geld ein Haus gebaut. In ihrem Garten vor der Casa blühen und wachsen jetzt auch die Pflanzen aus dem Schrebergarten aus der Schweiz. Dort hat man vielleicht den Sohn und die Schweizer Schwiegertochter mit den Enkeln zurückgelassen. Am Telefon fragen sie unter Tränen nach dem

Nonno und der Nonna. Unter der Weinrebenlaube vor dem Haus ist man zufrieden. Doch in manchen Stunden überkommt nun den einen oder die andere die Sehnsucht nach dem ehemaligen Gastland. Zu lange hat man dort gelebt. Zu viele Freunde, auch Schweizer Freunde, hat man zurückgelassen. Die Nachbarn hier winken, leicht befremdet: der *Svizzero* ist zurückkehrt. Im kleinen Dorfladen tuscheln die Nachbarinnen: *Ist das nun Giulia, die von Antonio und der Maria selig?*

Wie bereits erwähnt: Wir wissen nicht, wie die Auswandererfamilie in Moab aufgenommen worden ist. Wir können uns die Mühsal des Neuanfangs vorstellen. Da trifft sie das Unglück, dass Elimelech, der Mann Noomis, stirbt. Sie bleibt allein mit ihren Söhnen im fremden Land. Die Söhne heiraten die moabitischen Frauen Rut und Orpa.

Doch schauen wir kurz in die Zukunft! Es wird Rut sein, die Ausländerin, an welche nach der judäischen Tradition die Hoffnung auf einen Erlöser geknüpft werden wird. Diese Hoffnung bezog sich auf einen König, der das Land weise regieren sollte und wurde schliesslich mit dem König David verknüpft. Später wurde auch Jesus mit dieser Abstammungslinie verbunden. Ausgerechnet aus Moab wird dieser Hoffnungsfaden abgewickelt, ausgerechnet die Moabiterin Rut wird zur Urgrossmutter Davids werden und in der Ahnengalerie von Jesus auftauchen! Dass aus dem verruchten Moab die Frau kommt, welche die Davidlinie begründet, ist süffisant. Die Rut-Geschichte spannt damit in einer erstaunlichen Toleranz einen Bogen über die Völkergeschichte.

Doch die aktuelle Not der Noomi ist unberührt von solch späteren Verbindungen. Es folgt die nächste Katastrophe: Auch die Söhne sterben. In ihren hebräischen Namen ist schon angedeutet, dass sie nicht auf ein langes Leben hoffen konnten: *Machlon* und *Kiljon* lassen *Hinfälligkeit* anklingen.

Was nach diesen tragischen Ereignissen von Auswanderung, drei Todesfällen und zwei Hochzeiten übrig bleibt, ist eine verletzliche Schicksalsgemeinschaft: drei Witwen, eine alte Frau in fremdem Lande, zwei junge Witwen, Moabiterinnen, kinderlos. Was so kurz und sachlich erzählt wird, ist die Geschichte eines harten Schicksals. Noomi als Frau ohne Mann und Söhne im fremden Land – das bedeutet ein zerstörtes Leben, ein Leben ohne Wert, ohne Zukunft, ein sozial fragiles, ein materiell ungesichertes Leben.

In manchen Psalm-Worten können wir die Klage von Menschen mit solchen Schicksalen vernehmen:

GOTT, Gott meiner Rettung,*
bei Tage schreie ich,
des Nachts stehe ich vor dir.
Mein Gebet gelange zu dir,
neige dein Ohr meinem Flehn.
Denn ich bin mit Leiden gesättigt,
und mein Leben ist dem Totenreich nahe. (Psalm 88,2-4)

So könnte Noomi die Psalmen rezitiert haben. Ihre Geschichte gibt solchen Gebetsworten ein Gesicht. Und wer weiss? Vielleicht auch Ihrer Geschichte, Ihrem Schicksal? Fühlt sich Leiden nicht quer durch alle Zeiten gleich an? Gott aber schweigt im Buch Rut beharrlich. Er wird kein einziges Wort sagen. Die Antwort nach Heilung und Heil in diesem zerstörten Menschenleben verbirgt sich in seinem Schweigen. Doch: In den Personennamen ist ein Programm versteckt. *Elimelech* heisst: *Mein Gott ist König.* Wird er sich durch sein Schweigen hindurch den Menschen als fürsorglicher König zuwenden? Wird er sich als der heilende Gott erweisen, der das Zerrissene zusammenbringt und verbindet? Als der Gott, der auch das Leben dieser Frau heil macht?

In der Momentaufnahme dieses Schicksals gibt es keine Heilung, nur Abbruch. Noomi hat erneut die Fratze von Not und Verarmung vor Augen. Sie fällt den Entscheid, in ihre Heimat zurückzukehren. Es ist allerdings eine Rückkehr, die keine blühende Zukunft verspricht. Doch in Betlehem soll die Hungersnot vorbei sein. Deshalb macht sich Noomi mit ihren Schwiegertöchtern nach Betlehem auf – dorthin, wo sie einst aus Not aufgebrochen ist. Es ist die Nachricht, dass Gott sich seines Volkes angenommen habe und ihm wieder Brot gebe, die Noomi bewegt hat, aufzubrechen. Ist es auch die Hoffnung, dass ihr zerstörtes Leben von diesem Gott geheilt werden könnte? Hat sie die Hoffnung, dass ihr Leben in Betlehem, in Brothausen, noch einmal genährt werden kann?

Viel, viel später in der Geschichte Israels wird Jesus von Nazareth solchen Menschen wie Noomi zusprechen:

Selig die Armen im Geist -
ihnen gehört das Himmelreich.
Selig die Trauernden -
sie werden getröstet werden.
Selig, die hungern und dürsten nach der Gerechtigkeit -
sie werden gesättigt werden. (Mt 5,3.4.6)

Was an dieser Stelle der Geschichte jedoch bleibt, ist der verzweifelte Ruf nach Gottes Nähe, nach heilem Leben:

Mein Auge vergeht vor Elend.
Ich rufe zu dir, GOTT, allezeit,*
strecke meine Hände aus nach dir.
Tust du an den Toten Wunder,
stehen Schatten auf, dich zu preisen? (Psalm 88, 10f.)

Und so macht sich Noomi mit ihren moabitischen Schwiegertöchtern Rut und Orpa auf, um in ihrer einstigen Heimat Betlehem wieder Haus und Brot zu bekommen.

28. Januar 2007

2. NENNT MICH BITTERE

8 (Es) sagte Noomi zu ihren beiden Schwiegertöchtern: Geht, kehrt zurück, jede in das Haus ihrer Mutter. JHWH möge euch Güte erweisen, wie ihr sie den Verstorbenen und mir erwiesen habt. 9 JHWH gebe euch, dass ihr Ruhe findet, jede im Haus ihres Mannes. Und sie küsste sie, und sie erhoben ihre Stimmen und weinten 10 und sagten zu ihr: Nein, wir wollen mit dir zurückkehren zu deinem Volk.

11 Da sagte Noomi: Kehrt zurück, meine Töchter. Warum wollt ihr mit mir gehen? Habe ich noch Söhne in meinem Leib, die eure Männer werden könnten? 12 Kehrt zurück, meine Töchter, geht, denn ich bin zu alt, um für einen Mann da zu sein. Selbst wenn ich sagen würde: Es gibt Hoffnung für mich! – selbst wenn ich in der Nacht einem Mann angehören würde und auch noch Söhne gebären würde – 13 wolltet ihr deshalb warten, bis sie gross werden? Wolltet ihr euch darum verschliessen und nicht wieder heiraten? Nein, meine Töchter, denn es tut mir bitter leid für euch, dass die Hand JHWHs mich getroffen hat.

14 Da begannen sie, noch lauter zu weinen, und Orpa küsste ihre Schwiegermutter, Rut aber hängte sich an sie. 15 Sie aber sagte: Sieh, deine Schwägerin ist zurückgekehrt zu ihrem Volk und zu ihren Gottheiten. Kehr auch du zurück, deiner Schwägerin hinterher. 16 Aber Rut sagte: Dränge mich nicht, dich zu verlassen und zurückzugehen, weg von dir. Denn wohin du gehst, dahin werde auch ich gehen, und wo immer du übernachtest, da werde auch ich übernachten; dein Volk ist mein Volk, und dein Gott ist mein Gott. 17 Wo du stirbst, da werde auch ich sterben, und dort will ich begraben werden. JHWH soll mir antun, was immer er will! Nur der Tod soll trennen zwischen mir und dir! 18 Da sah sie, dass sie fest entschlossen war, mit ihr zu gehen, und hörte auf, zu ihr zu reden.

19 Und die beiden gingen, bis sie nach Betlehem kamen. Und als sie in Betlehem angekommen waren, geriet die ganze Stadt ihretwegen in Aufregung, und die Frauen sagten: Ist das Noomi? 20 Sie aber sagte zu ihnen: Nennt mich nicht Noomi (Liebliche), nennt mich Mara (Bittere), denn Schaddaj hat mich sehr bitter gemacht. 21 Ich, voll bin ich gegangen, und leer hat JHWH mich zurückkehren lassen. Warum nennt ihr mich Noomi? JHWH hat gegen mich gesprochen und Schaddaj hat mir Böses angetan. 22 Und so kehrte Noomi zurück, und bei ihr war Rut, die Moabiterin, ihre Schwiegertochter, die zurückkehrte von den Feldern Moabs. Und sie kamen nach Betlehem, als die Gerstenernte begann. **Rut 1,8-22**

Aus verdunkelter Seele heraus scheint das erste Wort zu kommen, das Noomi spricht, als sie in Betlehem, ihrer Heimatstadt, ankommt: *Nennt mich Bittere!* Sie hat nichts, und sie ist nichts. In ihrem Leben ist nur Bitterkeit, Leere. So beschreibt sie es den Frauen Betlehems. Doch haben wir zuvor nicht noch ganz anderes gehört? Gab es da nicht auch noch die Freundschaft der jungen Moabiterin Rut, die sich mit einem wunderbaren Versprechen an Noomi und ihr Schicksal gebunden hat?

Es gibt wenige Themen, die uns im Leben, im Film und in der Literatur derart bewegen wie eine Freundschaft, die den Stürmen des Lebens standhält. Und es gibt wohl kaum ein radikaleres Versprechen, als dasjenige der Moabiterin Rut: *Denn wo auch immer du hingehst, da gehe ich hin (. . .) wo du stirbst, da sterbe ich, dort will ich begraben werden.* Es ist eine junge Frau, die ihr Versprechen ihrer alten Schwiegermutter gibt. Noomi stammt aus einem andern Land, einer andern Kultur. Sie kann Rut keine Zukunft bieten. Die Aussicht ist Randständigkeit und Armut. Denn das Leben von Noomi ist zerstört. Sie ist wie eine Tote im Leben – so haben wir in der ersten Predigt vernommen. Der Grund dafür ist, dass sie ohne Mann und Söhne ihre existentielle Absicherung und ihre soziale Einordnung verloren hat. Ohne Nachkommen ist sie in gewisser Hinsicht auch an der Geschichte ihres Volkes nicht mehr beteiligt.

Manches Brautpaar wählt auch heute noch für seine Trauung dieses Versprechen Ruts als Geleitspruch, auch wenn das Versprechen dort ja zwischen zwei Frauen geschieht. Es zeigt, dass uns eine solch tiefe Verbundenheit und Treue, wie sie Rut formuliert, im Innersten trifft. Die Sehnsucht und der Wunsch sind ja da, dass wir Menschen ein Leben lang mit andern verbunden sein können, und dass wenigstens Freundschaft und Liebe unsterblich seien – während unseres Lebens und vielleicht auch noch über den Tod hinaus. Ist diese Sehnsucht so gross, weil Freundschaft und Liebe Kräfte sind, die uns über den Staub der Erde erheben? Über all das Niederträchtige in der Welt, über all die Enttäuschungen und Verletzungen, über die Ungerechtigkeit und die Verlassenheit? Oder weil die Existenz von Freundschaft die Aussage, dass der Mensch dem Menschen nur ein Wolf sei, in Frage stellt?

Wir können uns ja selbst befragen: Wann ist uns jemand ein Freund, eine Freundin? An welche Menschen binden wir uns im Leben und warum eigentlich? – Bei einem genauen Hinschauen entdecken wir diesbezüglich allerlei Unterschiede: Da gibt es einerseits Nutzfreundschaften: Sie dauern so lange, wie die Beteiligten voneinander auf irgendeine Weise profitieren. Es gibt Zweckfreundschaften, die äusserst häufig sind: Man ist beieinander, um die Freizeit zu verbringen und um bestimmte Hobbys und Interessen zu teilen. Das gibt eine Art Vertrautheit. Hier kann man die Erfahrung machen, dass all dies verschwindet, wenn der gewohnte Rahmen wegfällt, wenn sich unsere Lebenssituation verändert, wenn wir aus dem Club oder Verein austreten. Ein Mann erzählte mir mit bitterem Ton:

Wir hatten im Betrieb eine gute Kollegenschaft. Aber nachdem ich schwer krank geworden bin, bin ich aus allem rausgeflogen. Wenn ich die Kollegen im Bus getroffen habe, hatten sie kaum mehr ein Wort für mich übrig. Dabei sind wir nach dem Feierabend so oft auf ein Bier zusammen gewesen; wir haben auch Reisen gemeinsam unternommen.

Was also ist Freundschaft? Macht es die Freundschaft aus, dass sie von einer Seelentiefe geprägt ist? Oder von einer Zwecklosigkeit der Beziehung? Vielleicht binden wir uns manchmal auch an Menschen, weil wir spüren, dass sie uns zu etwas herausfordern, etwas, das in uns noch ungeboren daliegt, etwas, wovor wir Angst haben, es zu leben. Wir können es durch sie erleben, und vielleicht mit der Zeit bei uns selbst entwickeln.

Rut, deren Name *Gefährtin, Freundin* bedeutet, hat mit ihrem Versprechen die höchste Latte gesteckt! Geht es in unserer biblischen Geschichte um Freundschaft oder einfach um eine Schicksalsgemeinschaft? Auf den ersten Blick scheint es kaum, dass Noomi sich den beiden Frauen verbunden fühlt;

sie drängt sie bereits auf dem Weg zur Umkehr. Sie will nicht, dass die beiden Schwiegertöchter mit ihr nach Betlehem zurückkehren. Ob ihr plötzlich bewusst geworden ist, dass sie den beiden Frauen dasselbe zumutet, wie sie es selbst erfahren hat, nämlich in einem fremden Land Fuss fassen zu müssen und alles Gewohnte aufzugeben? Ob ihr bewusst geworden ist, dass sie den beiden Frauen absolut nichts bieten kann und ihre Situation als alte Witwe doch nicht ganz dieselbe ist wie die der jungen Witwen? Denn diese können sich erneut verheiraten und Kinder bekommen. Und so schickt sie Noomi mit den Worten zurück:

Geht, kehrt zurück, jede in das Haus ihrer Mutter. JHWH möge euch Güte erweisen, wie ihr sie den Verstorbenen und mir erwiesen habt.

Sie schickt sie in das Haus ihrer Mutter zurück. Das ist eine auffällige Bezeichnung, da in der Bibel meist vom Vaterhaus gesprochen wird. Bestimmt Noomi damit die Herkunft der beiden Frauen aus einer weiblichen Erbfolgelinie? Es ist eine Auffälligkeit, die wir vorerst einmal im Auge behalten müssen. Noomi will nicht, dass die beiden Frauen in die von ihrem Gott bewirkte Unheil-Sphäre mit hineingezogen werden! Es ist gerade das Mitgefühl, die Verbundenheit von Noomi zu den Frauen, die sie zu diesem Opfer zwingt. Denn wenn die beiden Frauen weg sind, wird sie in der Tat mutterseelenallein auf dieser Welt sein! Darin, dass Noomi an das Leben der jungen Frauen denkt und ihre eigene Bedürfnisse hinten anstellt, zeigt sich ihre Verbundenheit zu den beiden und hievt ihr Verhältnis aus der reinen Schicksalsgemeinschaft heraus.

Die beiden Schwiegertöchter aber wehren sich; sie wollen bei ihr bleiben. Wir können uns die Szene nicht dramatisch genug vorstellen: Tränen und Schluchzen, Händeringen und Beteuerungen! Da fährt Noomi mit grobem Geschütz auf, bietet sozusagen das Schlussfeuerwerk ihrer Überzeugungskraft auf: Sie konstruiert nämlich den besten und schnellsten aller denkbaren Fälle: Wenn sie, gleich vom Fleck weg, noch heute heiraten und noch diese

Nacht männliche Zwillinge empfangen würde – sollten diese Frauen warten können, bis aus den Zwillingen heiratsfähige Männer geworden wären, die sie zum Gatten nehmen könnten? Noomi kann sich hier an die Rechtsinstitution der Leviratsehe, der Schwager-Ehe, anlehnen, die den Bruder eines kinderlos Verstorbenen verpflichtet, mit dessen Witwe einen Sohn zu zeugen, um den Namen des Verstorbenen zu erhalten.

Ihre Argumentation soll die absurde und hoffnungslose Situation zeigen, für sie selbst, aber besonders für diese jungen und treuen Frauen. Orpa gehorcht; sie lässt sich zur Umkehr bewegen. Ihr Name – die Namen sind das heimliche Programm dieser Schrift – drückt es bereits aus. Orpa, das heisst, die, *die den Rücken zuwendet.* Sie ist keinesfalls eine negative Figur; sie tut ja, was Noomi will. Aber ihre durchaus kluge Entscheidung hebt die andere Entscheidung von Rut noch hervor. Denn Rut bleibt. Und dieses Bleiben wird mit einem starken Wort ausgedrückt: *Sie hängte sich an sie.* Im Hebräischen heisst es *davaq,* was bedeutet*:* anhängen, ankleben. Das ist ein Ausdruck, der auch an einer besonderen Stelle der Bibel vorkommt, nämlich in der Schöpfungsgeschichte: *Darum verlässt der Mann Vater und Mutter und hängt sich seiner Frau an.* (Gen 2 ,24)

Wird hier bewusst die Verbindung von Rut und Noomi mit diesem Ausdruck, der in der Schöpfungsgeschichte für Mann und Frau gilt, verwendet und damit eine neue solidarische Gemeinschaft markiert?

Noch einmal beharrt Noomi darauf, dass Rut doch umkehre. Sie braucht starke Worte: *Kehre um zu deinem Volk und zu deinem Gott. Gott* und *Volk* sind kräftige Wurzeln und Bande, gewiss auch in Moab. Doch darin ist keine Polemik gegen die andere Kultur spürbar. Aber Rut lässt sich nicht erweichen. Noomi soll ihre Zukunft sein, allen dunklen Zukunftserwartungen zum Trotz. Und hier ergreift die Moabiterin zum ersten Mal das Wort: Wie Poesie klingen ihre Sätze! Sie entspringen den Urgründen menschlicher Beziehung:

Denn wohin du gehst, dahin werde auch ich gehen, und wo immer du übernachtest, da werde auch ich übernachten; dein Volk ist mein Volk, und dein Gott ist mein Gott. Wo du stirbst, da werde auch ich sterben, und dort will ich begraben werden. JHWH soll mir antun, was immer er will! Nur der Tod soll trennen zwischen mir und dir!

Das ist mehr als ein Versprechen. Das ist ein Schwur, den Rut hier leistet. Es gibt keinen vergleichbaren Schwur in der Bibel, der auf Mann und Frau gemünzt wäre. Die Ehe im Alten Israel war denn auch nicht unauflöslich und auch nicht zwingend monogam. Hier wird jedoch eine unauflösliche Zweierbeziehung zwischen zwei Frauen beschworen. Rut gibt ihre Identität auf, ihren Glauben, ihre Kultur, ihr Volk, um mit Noomi den Weg der unversorgten Frau in einer patriarchalen Gesellschaft zu teilen.

Frauenfreundschaft ist ein Thema, das in Literatur und Geschichte sehr oft abwertend behandelt wird. Die meist männlichen Autoren rechnen entweder nicht damit, dass Frauen dazu fähig sind, oder sie denken sogar, dass Frauen von Natur aus eine andere Frau lediglich als Konkurrentin oder Feindin betrachten. Umso mehr bringt uns das Buch Rut an dieser Stelle zum ersten Mal zum Staunen. Es regt auch zum Nachdenken über den Wert von Freundschaft und Verbundenheit an.

Niemand hat grössere Liebe als wer sein Leben einsetzt für seine Freunde. (Joh 15,13). So lesen wir bei Johannes. Damit wird der Freundschaft ausserhalb von Ehe und Familie in der Jesusbewegung eine hohe Auszeichnung verliehen. Bei Jesus werden auch Ausgestossene und Unwürdige zu seinen Freunden und Freundinnen. An freudvollen Gastmählern wird dies zelebriert: Jesus deutet damit eine neue Gemeinschaft an. Nicht die Blutsfamilie steht im Zentrum, sondern jene Menschen, welche die Freundschaft in Gott in ihr Lebenszentrum gestellt haben.

Unser Abendmahl ist eigentlich ein Abbild davon: Oftmals fremde Menschen kommen zusammen und nähren sich symbolisch mit Brot und Wein an Christi Tisch.

In der Freundschaft Ruts ist vorgezeichnet, dass Gott nicht nur die gesellschaftlich gesicherten und anerkannten Beziehungen segnet, sondern jene, die aus Liebe und Güte entstehen. Dabei spielt die gesellschaftliche Anerkennung keine Rolle.

Doch in unserer Geschichte und in dem Versprechen Ruts klingt noch mehr an als das Schicksal der beiden Frauen. Es schwingt auch das Schicksal des Volkes Israel mit, welches in seiner Geschichte Vertreibung, Exil und auch Heimkehr ins alte Land erfahren hat. Heimzukehren nach Jahrzehnten, ohne zu wissen, was man antrifft, ist eine unsichere und gefahrvolle Situation. Die Heimkehrenden waren für den Wiederaufbau im Land auf alle lebenstauglichen Beziehungen angewiesen.

Was wünschen wir uns denn anderes, als dass uns solche Beziehungen durch das Leben tragen? Wie schön wäre die Realität einer Gesellschaft, die aus solch gesegneten Beziehungen hervorgeht?

Das Buch Rut lehrt uns, diese Beziehungen weit zu sehen: zwischen Alt und Jung, zwischen Menschen verschiedener Kulturen, zwischen Frauen, zwischen Frau und Mann, zwischen Männern. Das werden wir im weiteren Verlauf der Geschichte noch deutlicher erkennen können.

Die Geschichte verläuft nun mit einem Zeitsprung: Die beiden Frauen kommen in Betlehem an. Die ganze Stadt läuft zusammen, man erinnert sich: Ist das nicht Noomi? Noomi hingegen sieht ihre alten Freundinnen und Nachbarinnen von damals, die längst ihre Enkelkinder in den Armen halten. Da bricht aus ihr die Klage empor:

Sie aber sagte zu ihnen: Nennt mich nicht Noomi (Liebliche), nennt mich Mara (Bittere), denn Schaddaj hat mich sehr bitter gemacht. Ich, voll bin ich gegangen, und leer hat JHWH mich zurückkehren lassen. Warum nennt ihr mich Noomi? JHWH hat gegen mich gesprochen und Schaddaj hat mir Böses angetan.

Der Schaddaj hat Bitteres an mir getan! Hier wird im Hebräischen ein starker Gottesname gebraucht. Es ist der Gottesname, der in den insgesamt 47 biblischen Belegen im Buch Hiob 31 Male vorkommt! Hiob ist der leidende

Gerechte, der alles verliert und mit Gott in einen Rechtsstreit tritt. Der Gottesbegriff legt daher nahe, Noomi als weibliches Pendant zu Hiob zu sehen. *Voll bin ich gegangen, leer hat mich Gott zurückkehren lassen!* Leer: das heisst für sie ohne Mann und ohne Söhne. Schaddaj ist der Gott, der gibt und nimmt, nährt und hungern lässt. Rut, die Freundin, die Gefährtin auf ihrem Weg, findet hier noch keine Erwähnung; sie ist noch kein Gegengewicht zur Leere und zum Unglück.

Wie sollte Noomi anders sein als die meisten von uns, wenn wir heimgesucht werden von Unheil? Dann laufen wir Gefahr, nur noch im eigenen Schicksal zu versinken, nur noch das Dunkle zu sehen oder die Menschen zu vergessen, die treu zu uns gehalten haben. Und doch gehört es zur Freundschaft, solche Momente auszuhalten – wenn auch nicht für immer. Denn es kann der Moment kommen, wo jemand, der nur um sich selbst kreist, mit einem ehrlichen Zuspruch darauf hingewiesen werden muss: *Ich habe auch Bedürfnisse; du kreist in deinem Elend nur um dich, weite doch deinen Blick. Ich bin auch da.*

Dass die Geschichte eine neue Wendung nehmen könnte, drücken lapidare Worte aus, die neue Wendungen in der Geschichte erahnen lassen: *Als die Gerstenernte begann, kamen sie in Betlehem an.* Aus Betlehem war Noomi mit ihrer Familie wegen einer Hungersnot einst ausgezogen. Nun gibt es wieder Getreide, das geerntet werden kann. Es gibt wieder Brot. Der Schaddaj nährt das Volk wieder. So sind es die reifen Gerstengarben im einst brotlosen Betlehem, welche eine leise Melodie von Hoffnung anstimmt. Nicht nur Glück kann sich in Unglück kehren, sondern auch Leid kann sich wandeln.

Die mit Tränen säen, werden mit Jubel ernten. Weinend geht hin, der den Saatbeutel trägt, doch mit Jubel kommt heim, der seine Garben trägt. (Ps 126,5f.)

11. Februar 2007

3. NACHLESE

2 1 Und Noomi hatte von der Seite ihres Mannes einen Verwandten, einen heldenhaften, fähigen Mann aus der Sippe Elimelechs. Sein Name war Boas. 2 Und Rut, die Moabiterin, sagte zu Noomi: Ich will aufs Feld gehen und Ähren lesen hinter einem her, in dessen Augen ich Gnade finde. Und sie sagte zu ihr: Geh, meine Tochter. 3 Und sie ging und kam und las Ähren auf dem Feld, hinter den Schnittern her. Und es fügte sich ihre Fügung, dass sie auf dem Teil des Feldes war, der Boas gehörte, der aus der Sippe Elimelechs war.

4 Und siehe, Boas kam von Betlehem und sagte zu den Schnittern: JHWH sei mit euch! Und sie sprachen zu ihm: Es segne dich JHWH! 5 Und Boas sagte zu seinem jungen Mann, der über die Schnitter gesetzt war: Zu wem gehört diese junge Frau? 6 Und der junge Mann, der über die Schnitter gesetzt war, antwortete und sagte: Eine junge moabitische Frau ist sie, die mit Noomi aus den Feldern Moabs zurückgekommen ist. 7 Und sie hat gesagt: Ich würde gern Ähren lesen und aufsammeln zwischen den Garben, hinter den Schnittern her. Und sie kam und blieb vom Morgen bis jetzt. Sie hat sich kaum im Haus aufgehalten.

8 Da sagte Boas zu Rut: Hörst du, meine Tochter, nicht wahr? Geh nicht auf ein anderes Feld, um Ähren zu lesen, und geh auch nicht weg von hier, sondern bleibe bei meinen jungen Frauen. 9 Richte deine Augen auf das Feld, wo sie schneiden und gehe hinter ihnen her. Habe ich nicht den Männern geboten, dich nicht anzutasten? Und wenn du Durst hast, geh zu den Krügen und trinke von dem, was die jungen Leute schöpfen.

10 Da fiel sie auf ihr Angesicht, beugte sich bis zur Erde und sagte zu ihm: Warum habe ich Gnade gefunden in deinen Augen, dass du mich wahrnimmst, mich, eine Ausländerin? 11 Da sagte Boas zu ihr: Es ist mir alles genau berichtet worden, was du nach dem Tod deines Mannes für deine Schwiegermutter getan hast. Du hast deinen Vater und deine Mutter und dein Geburtsland verlassen und bist zu einem Volk gegangen, das du zuvor nicht kanntest. 12 Es vergelte dir JHWH dein Tun, und voller Lohn soll dir zuteilwerden von JHWH, dem Gott Israels, zu dem du gekommen bist, um unter seinen Flügeln Zuflucht zu finden. 13 Und sie sagte: Ich finde Gnade in deinen Augen, mein Herr. Denn du hast mich getröstet und zum Herzen deiner Sklavin gesprochen. Ich aber bin nicht einmal wie eine deiner Sklavinnen.

14 Und als es Zeit war zu essen, sagte Boas zu ihr: Komm her und iss von dem Brot
und tauche deinen Bissen in die Sauertunke. Und sie setzte sich neben die Schnitter, und
er reichte ihr Röstkorn, und sie ass und wurde satt und liess noch etwas übrig.

15 Und sie stand auf, um (Ähren) zu lesen. Und Boas befahl seinen jungen Männern:
Sie darf auch zwischen den Garben lesen, und ihr sollt sie nicht behelligen. 16 Und ihr
sollt für sie sogar etwas aus den Ährenbündeln ziehen und es liegen lassen. Sie soll es
auflesen, und ihr sollt sie nicht beschimpfen.

17 So las sie bis zum Abend Ähren auf dem Feld, dann klopfte sie aus, was sie aufgelesen hatte, und es war ungefähr ein Scheffel (Efa) Gerste. 18 Und sie hob es auf und
kam in die Stadt, und ihre Schwiegermutter sah, was sie aufgelesen hatte. Und sie zog
hervor, was sie übrig behalten hatte, und gab es ihr. **Rut 2,1-18**

Zusätzliche Bibellesung: Lukas 4,1-13 (Die Versuchung Jesu)

Wir begeben uns auf die Chefetage von G. Ott World Inc. und hören einem Gespräch zwischen Interim-Managerin Luzie Fehr und dem Junior Chef (J.C.) zu:[1]

Luzie Fehr: Es ist brütend heiss hier. Ist ja schlimmer als in der Wüste! Offenbar funktioniert die Klima-Anlage wieder nicht. Der technische Dienst ist eine Katastrophe.

J.C.: Hm.

Luzie Fehr: Lassen Sie mich wenigstens etwas zu trinken holen.

(Füllt 2 Gläser.) Bitte schön!

J.C.: Hm.

Luzie Fehr: Sie wollen also in das Geschäft Ihres Vaters einsteigen. Nachdem ich den Konzern kommissarisch übernommen habe, habe ich eine Marktanalyse durchführen lassen. Um ehrlich zu sein: Ihr Vater hat den Betrieb unverantwortlich geführt. Ich habe nun ein Zukunftskonzept ausgearbeitet. Wir haben die einmalige Chance, den weltweit grössten Brotkonzern zu übernehmen und somit Marktführer in der Brotsparte zu werden. Die Übernahme ist natürlich mit Restrukturierungen verbunden. Wir müssen Personal abbauen, um die Kosten zu drücken – keine Frage.

J.C.: Hm. Marktführer in der Brotsparte!? Wer gewinnt dabei? Ich habe nicht den Eindruck, dass davon jemand glücklicher wird!

Luzie Fehr: Ich sehe schon, sie wollen auf der Schiene ihres Vaters weiterfahren. Das kommt davon, wenn man jemanden ohne betriebswirtschaftliche Kenntnisse ans Ruder lässt. Ehrlich gesagt, habe ich den Eindruck, dass Sie nicht fürs Management geboren sind. Sie sind eine Künstlernatur. Ich mache Ihnen einen Vorschlag: Sie übertragen mir die Konzernleitung. Sie sind vollumfänglich am Konzerngewinn beteiligt und können sich mit ihrem Vermögen meinetwegen wohltätigen Zwecken widmen. Geben Sie mir die Vollmachten!

J.C.: Hm. Ich glaube nicht, dass das im Sinne meines Vaters wäre.

Luzie Fehr: Ich verstehe. Sie identifizieren sich mit dem Familienbetrieb. Verständlich. Der Name G. Ott steht schliesslich für eine jahrhundertealte Tradition. Er flösst Vertrauen ein. Wir sollten dieses Label übrigens viel offensiver einsetzen in unserer Vermarktungsstrategie. Ich schlage eine Publizitätsoffensive vor, an der niemand vorbei kann. Setzen Sie Ihr persönliches Charisma ein. Wie wäre es mit einem spektakulären Bungee-Jumping von der Spitze unseres Verwaltungsgebäudes? Motto: «Wir lassen Sie nicht fallen! Auf G. Ott ist Verlass!» Sie als Junior-Chef springen zuerst. Daran werden die Medien nicht vorbeigehen können!

J.C.: Ich merke, dass Sie weder meinen Vater noch mich verstehen. Wir sollten uns trennen!

Es geht um viel, um sehr viel in diesem Gespräch. Es geht um ein Monopol über Brot. Brot steht für das menschliche Grundnahrungsmittel. Wer nicht ans Brot kommt, wird hungern. Wer die Macht über das Brot hat, wird bestimmen, wer hungern wird und wer nicht.

Die Geschichte vom Gespräch zwischen Interimsmanagerin Luzie Fehr (lesen Sie den Namen in einem Zug!) und J.C. (beachten Sie die Abkürzung!)

ist eine Parallelerzählung zur Versuchung Jesu. Die Verführungskünste Luzifers sind nicht antiquiert. Er spricht die Sprache, die wir verstehen und berührt die Punkte, wo wir am Anfälligsten sind. Das biblische Wort Diabolos heisst wörtlich: der Trenner, der Auseinander-Reisser, der Hinderer, einer, der Verwirrung stiftet. Der Diabolos hat viele Gesichter. Er kann auch auf einer Chefetage zu Hause sein. Und er ist klug.

In der Versuchungsgeschichte setzt die teuflische Logik bei der Brotfrage, der Machtfrage und der Gottesfrage an. Mit anderen Worten bei der Ökonomie, der Politik und der Religion. Ich möchte an dieser Stelle nur die Versuchung mit dem Brot herausgreifen.

Dem Hunger des Bauches stellt Jesus den Hunger des Herzens gegenüber. Er leugnet damit nicht etwa die Bedeutung von wirklichem Brot, sondern stellt ihm das Wort Gottes gegenüber. Und dieses lehrt uns, dass Brot dazu da ist, geteilt zu werden. Bei diesen drei Versuchungen beeindruckt mich immer wieder neu, dass Jesus widerstehen kann, aus Steinen Brot zu machen. Stellen Sie sich diese Versuchung wirklich vor: Jesus sieht die Bedürftigkeit der Armen; er sieht ausgemergelte Gesichter, hungrige Kinder, bettelnde Blinde . . . Wie viele Leidende könnte er von ihrer Not erlösen! Steine hat es genug! Jesus lässt sich also nicht einmal in seiner Güte versuchen!

Die diabolische Aufforderung ist an eine Machtballung gebunden. Jesus hätte das Monopol, Steine in Brot zu verwandeln; er würde gewissermassen zum Topmanager über das Grundnahrungsmittel. Deshalb weist Jesus diese Versuchung zur Macht zurück: Eine solche kann grundsätzlich nicht zum Guten gereichen. Jesus lehrt hingegen, dass die Menschen selbst die Verantwortung übernehmen sollen, Brot zu teilen, das heisst, für Gerechtigkeit und Ausgleich zu sorgen und den Versuchungen nach Machtanhäufung zu widerstehen.

Sogar die Idealisierung der eigenen Person wehrte Jesus ab. Er wies die Anrede eines Bittstellers mit *Guter Meister* brüsk zurück und verwies ihn darauf, dass nur Gott gut sei. Er riet dem Mann, die Gebote Mose zu befolgen.

Als der Bittsteller antwortete, dass er dies längst tue, forderte ihn Jesus auf, seinen Besitz zu verkaufen, es unter die Armen zu verteilen und ihm nachzufolgen (Mk 10,17-21). In solchem Handeln sah Jesus das Reich Gottes auf Erden.

Nun geht es ja in dem Schicksal von Rut und Noomi auch um das Grundnahrungsmittel und damit um die nackte Existenz. Es sind zwei Frauen, die in einer patriarchalen Gesellschaft keine Männer haben, die sie versorgen. Damit bleibt ihnen nur ein ganz kleiner Spielraum übrig, ihre Existenz zu sichern. Betteln ist das eine; Prostitution das andere. Doch es gibt auch ein Armenrecht, das besagt, dass es den Armen möglich sein soll, zu überleben: die Nachlese. Ackerbauern und dem Weinbergbesitzer ist sie im mosaischen Gesetz, der Thora, vorgeschrieben:

Und wenn ihr die Ernte eures Landes einbringt, sollst du den Rand deines Feldes nicht vollständig abernten, und die Nachlese deiner Ernte sollst du nicht einsammeln. Auch in deinem Weinberg sollst du keine Nachlese halten, und die abgefallenen Beeren deines Weinbergs sollst du nicht einsammeln. Dem Armen und dem Fremden sollst du sie überlassen. Ich bin GOTT, euer Gott.* (Levitikus 19,9-10)

Es ist dem Besitzer sogar verboten, eine vergessene Garbe auf dem Feld nachträglich zu holen. Auch nach dem Abklopfen der Ölbäume soll der Bauer die hängengebliebenen Früchte nicht einzeln herunter pflücken.

Ein Bild aus der Kunstgeschichte verbildlicht dies. Es wurde 1857 von Jean-François Millet gemalt. Sein Titel: *Des glaneuses – Ährenleserinnen* (Abb. 1). Millet, der selber eine Zeit schwieriger wirtschaftlicher Verhältnisse erlebt hat, malte zahlreiche Bilder der harten bäuerlichen Arbeitswelt. Das Gemälde zeigt eine Gruppe Frauen auf einem Stoppelfeld, die sich nach einzelnen Kornähren bücken. Sie sind *glaneuses*[2], Nachleserinnen. Diese Art der Nachlese war für die arme Landbevölkerung lange Zeit ein wichtiger Beitrag zum Lebensunterhalt.

Abb. 1
Zeichnung von Alejandra Pinggera, nach dem Gemälde von Jean-François Millet:
Des glaneuses (Ährenleserinnen), 1857

Aber auch noch heute! Die französische Regisseurin Agnés Varda hat sich in einem Film mit dem Namen *Les Glaneurs et la Glaneuse* im Jahre 2000 (und zwei Jahre später in einem Nachfolgefilm) auf die Suche nach den Erbinnen und Erben jener Menschen begeben, die im Bild von Millet auf romantische Weise als Sammlerinnen dargestellt sind.

Und sie hat sie gefunden, die heutigen Menschen, die zur Nachlese gehen. Sie hat sie nicht etwa in einem Drittweltland gefunden, sondern in ihrer Heimat, in Frankreich. Mit einer Handkamera wird sie selber zur Sammlerin von Geschichten und Schicksalen.

Auch da trifft sie auf Menschen, die auf Kartoffelfeldern einsammeln, was liegen geblieben ist oder die in den Weinbergen die letzten Trauben pflücken. Die einen Winzer nehmen es gelassen hin; andere vernichten gezielt aus wirtschaftlichen Gründen den Überschuss, den sie wegen der wirtschaftlichen Beschränkungen selber nicht nutzen können. Folgt man dem Film, spielt sich die Nachlese in einer juristischen Grauzone ab. Entscheidend ist meist, dass die Sammlerinnen und Sammler die offiziellen Erntezeiten berücksichtigen. Aber es ist klar: Sie sind abhängig von der Gunst der Besitzenden.

Das ist zur Zeit von Noomi und Rut vor zweieinhalbtausend Jahren nicht anders. Deshalb sagt Rut: *Ich will Ähren nachlesen hinter dem her, in dessen Auge ich Gnade finde.* Es gibt dieses Armen- und Fremdenrecht, doch einklagen, nein, einklagen kann sie es nicht. Sie ist auf die Gottesfürchtigkeit und die Gunst der Menschen angewiesen! Gottesfürchtigkeit bedeutet aber, diese sozialen Pflichten einzuhalten, den Schwachen zu stützen und ihm zu helfen!

Rut hat Glück. Sie landet auf dem Feld eines wohlhabenden Bauern. Der Leser, die Leserin ist hier einen Schritt voraus: Wir kennen den Namen des Einflussreichen und wissen, dass er ein entfernter Verwandter Elimelechs ist, des verstorbenen Ehemannes der Noomi. Doch Rut weiss dies nicht. Wie zufällig gerät sie auf den Acker des Boas, wo sie der schweisstreibenden Arbeit der Nachlese nachgehen kann. Als alleinstehende und fremde Frau ist diese

Arbeit – dies wird sehr oft unterschlagen – ein grosses Risiko: Sie muss mit sexueller Belästigung oder gar Vergewaltigung rechnen. Das macht die folgende Begegnung mit dem Besitzer deutlich. Boas, der wohlhabende Bauer, vielleicht gar Grossgrund-Besitzer, bemerkt die fremde Ährenleserin, die sich gerade von ihrer stundenlangen Arbeit ausruht. Es ist ihm offenbar nicht gleichgültig, wer da bei ihm arbeitet. Gewiss hat er den Tagesklatsch gehört: *Das ist die Ausländerin, welche die Noomi, die Einheimische, aus Moab zurückbegleitet hat nach Betlehem!*

Der Name Boas bedeutet *Mann an Kraft, ein fähiger Mann*. Wie schon erwähnt: Die Namen im Buch Rut verraten viel über die Geschichte. So erweist sich Boas als ein Mann, der seines Namens würdig ist. Der *Mann voll Kraft* ist kein Muskelprotz und kein Korn-Manager, der für die Maximierung seines Gewinnes auf die Bedürfnisse der Armen pfeift. Nein, seine Macht und Kraft besteht darin, dass er ein Mann der Gottesfurcht ist und damit die sozialen Regeln einhält.

Er sieht die Not der Witwen, er sieht die Treue dieser Moabiterin und ordnet alles so an, dass es sich für die junge Frau lohnen wird, auf seinem Feld Nachlese zu halten. Auch er weiss von der harten Realität solcher Frauen: So schützt er sie vor jedem Zugriff und Übergriff der Knechte und stellt sie zu ihrem Schutz in die Gruppe der andern Arbeiterinnen. Er gesteht ihr mehr zu, als einfach so an Ähren abfällt; die Schnitter sollen einige Ähren mehr fallen lassen. Und schliesslich gibt er ihr sogar zu essen und lässt sie ausruhen.

Der Grund für Boas Güte ist sein Glaube: Die Ausländerin hat sich an den Gott Israels gebunden; sie soll nun erfahren, dass dieser Gott nährt und schützt, dass sie unter seinen Flügeln geborgen sein kann! Wir können bereits an dieser Stelle der Geschichte vermuten, dass mit Boas das männliche Gegenüber zu Rut gezeichnet wird. Rut, *die Freundin*, die ihr Leben an die Schwiegermutter gebunden hat, steht einem Boas gegenüber, der durch sein Verhalten zeigt, wie ein Volk, das sich als Volk Gottes bezeichnet, handeln soll: voll Güte und Mitgefühl gerade für die Schwachen. Gott sorgt für das

Recht der Armen; doch erfahrbar wird es erst durch die Güte der Menschen! Man könnte es kaum deutlicher als an dieser Episode zeigen. Und wir dürfen uns kaum ausmalen, welches Schicksal Rut auf den Feldern ereilen könnte, wenn sie ohne diese Zuwendung und ohne diesen Schutz wäre! Nur: Wir dürfen nicht ausser acht lassen, wie sehr man im Dialog zwischen Boas und Rut das soziale Gefälle spürt. Boas ist gönnerhaft, während Rut sich demütigt, erniedrigt, sich als Sklavin bezeichnet. Da haben wir nicht Menschen vor uns, die auf gleicher Ebene stehen! Eine Gesellschaft mit verschiedenen Klassen zeigt sich auch darin, dass die einen sich den Luxus der Gönnerhaftigkeit leisten können, während die andern sich dankbar und demütig erweisen müssen. Der Dialog führt uns dies frappant vor Augen. Doch wir erahnen auch, dass uns hier zwei Idealgestalten, eine männliche und eine weibliche Person, zwei „fähige" Menschen gezeichnet werden, so wie es damals das Idealbild gewesen ist. Rut, die Treue, die Freundin, und Boas, der Gütige und Fähige, erreichen tatsächlich durch ihr Zusammenwirken, dass Steine in Brot verwandelt werden. Rücksicht und Brot: Sie sind Nahrung für Seele und Leib.

Die Geschichte lädt auch ein, uns selber zu betrachten: Wie verwandeln wir durch unser Verhalten Steine in Brot? Anders gesagt: Verwandeln auch wir durch unser Wirken Hoffnungslosigkeit in Hoffnung? Kargheit in Fülle? – Wir können das in einem ganz weiten Sinne verstehen, denn nicht alle haben eine Stellung wie die Interim-Managerin Luzie Fehr (aus dem Dialog am Anfang) inne oder eine solch verantwortungsvolle Stellung wie der Junior Chef. Doch nehmen wir unseren Arbeitsplatz unter die Lupe, in welcher Stellung wir auch immer sind:

Ist es ein Ort, an dem die Menschen mit Freude arbeiten können? Wo man Hand in Hand arbeitet? Wo die Informationen für alle zugänglich sind? Wo niemand gedemütigt wird? Wir können auch fragen: Sind wir gut informiert über die Entwicklung in der Arbeitswelt? Wissen wir genügend über die Rechte von Arbeitnehmern? Kennen wir die Möglichkeiten, wie sich Arbeitnehmerinnen sinnvoll wehren können?

Abb.2
Zeichnung von Alejandra Pinggera, nach dem Gemälde von Jules Breton, *La Glaneuse* (Die Ährenleserin), 1877

Ganz sicher ist die jährliche Kampagne von *Brot für alle* eine Gelegenheit, sich mit der Thematik von Grundbedürfnissen und Gerechtigkeit intensiver zu beschäftigen.

Steine in Brot verwandeln: Das können wir aber auch auf der zwischenmenschlichen Ebene betrachten: Begegne ich in meinem Alltag meinen Mitmenschen so aufmerksam wie dieser Boas? Mache ich mir Gedanken, wie ich einem Menschen, der mir heute begegnet, das Leben vereinfachen oder bereichern könnte? Tue ich etwas dafür, dass sich heute nur ein Mensch etwas würdiger fühlt? Tue ich auch etwas für meinen aufrechten Gang?

Denn in der Tat: Vom Brot allein kann der Mensch nicht leben. Das Herz muss genährt werden, die Würde bewahrt sein!

Diese Würde kommt in dem Bild von *Jules Breton, La Glaneuse (Die Ährenleserin)* von 1877, zum künstlerischen Ausdruck (Abb. 2). Er ist ein Zeitgenosse von Jean-François Millet. Auf diesem Bild steht eine Sammlerin im Vordergrund und trägt ihr Ährenbündel auf der Schulter. Die Müdigkeit steht ihr ins Gesicht geschrieben, dennoch strahlt sie Würde und Stolz aus. Ist auch sie eine Sammlerin und Nachleserin, die das Getreide sammeln darf, um ihre Not zu lindern? Auch wenn das Bild Bretons romantisiert, kann es etwas von Ruts Geschichte visualisieren. Ich kann mir jedenfalls gut vorstellen, dass Rut an diesem Abend in solch würdevoller Haltung zu Noomi zurückkehrt. Denn sie kann ihr einen relativen Überfluss an Gerste, die sie noch an diesem Abend geworfelt hat, heimbringen. Für einen Moment ist der Hunger kein Thema mehr. *Unser täglich Brot gib uns heute* hat sich erfüllt. Doch eine Lebenssicherung ist es für die beiden Frauen noch lange nicht. Dennoch: Wir können uns gut vorstellen, dass Noomi an diesem Abend mit den Liedworten aus Psalm 36 dankend singt:

Wie kostbar ist deine Güte.
Götter und Menschen suchen Zuflucht im Schatten deiner Flügel.
Sie laben sich am Überfluss deines Hauses,

und am Strom deiner Wonnen tränkst du sie.
Denn bei dir ist die Quelle des Lebens,
in deinem Licht schauen wir das Licht.
Erhalte deine Güte denen, die dich kennen,
und deine Gerechtigkeit denen,
die aufrichtigen Herzens sind. (Psalm 36,8-11)

25. Februar 2007, erster Fastensonntag

4. FREIWILD

19 Und ihre Schwiegermutter sagte zu ihr: Wo hast du heute gelesen, wo hast du das getan? Gesegnet sei, der dich beachtet hat! Und sie berichtete ihrer Schwiegermutter, was sie bei ihm getan hatte, und sagte: Der Name des Mannes, bei dem ich das heute getan habe, ist Boas.

20 Da sprach Noomi zu ihrer Schwiegertochter: Gesegnet sei er von JHWH, der den Lebenden und den Toten seine Güte nicht versagt! Und Noomi sagte zu ihr: Der Mann ist mit uns verwandt, er ist einer von unseren Lösern. 21 Und Rut, die Moabiterin, sagte: Er hat zu mir auch gesagt: An meine jungen Männer hänge dich, die zu mir gehören, bis sie mit der ganzen Ernte fertig sind, die mir gehört. 22 Und Noomi sagte zu Rut, ihrer Schwiegertochter: Es ist gut, meine Tochter, wenn du mit seinen jungen Frauen hinausgehst, so wird man dich auf einem anderen Feld nicht belästigen. 23 Und sie hing an den jungen Frauen von Boas, um zu lesen, bis die Gerstenernte und die Weizenernte zu Ende waren. Und sie blieb bei ihrer Schwiegermutter.

3 1 Und Noomi, ihre Schwiegermutter, sagte zu ihr: Meine Tochter, sollte ich dir nicht eine Ruhestatt suchen, an der es dir gut geht? 2 Und ist denn nun nicht Boas, mit dessen jungen Frauen du zusammen warst, unser Verwandter? Sieh, heute Nacht worfelt er die Gerste auf der Tenne. 3 Du aber bade dich, salbe dich und lege deinen Umhang über dich, dann geh hinunter zur Tenne. Gib dich dem Mann nicht zu erkennen, bis er fertig ist mit dem Essen und Trinken. 4 Und wenn er sich dann hinlegt, sollst du dir den Ort merken, wo er liegt. Dann geh hin und decke seine Füsse auf und leg dich nieder, und er wird dich wissen lassen, was du tun sollst. 5 Und sie sagte zu ihr: Alles, was du sagst, will ich tun. 6 Und sie ging hinunter zur Tenne und machte alles so, wie ihre Schwiegermutter es ihr befohlen hatte. **Rut 2,19-3,6**

Zusätzliche Bibellesung: Johannes 8,1-11 (Jesus und die Ehebrecherin)

Am Freitag vor einer Woche hatten wir hier in unserer Kirchgemeinde einen Gast aus Lateinamerika: Wir haben Tirsa Ventura, eine Theologin aus Costa Rica, bei uns eingeladen. Sie gestaltete einen Abend zum Thema: *Wenn Arbeit Menschen kaputt macht. Prekäre Arbeitsbedingungen in Costa Rica – und bei uns?*

Sie erzählte von denjenigen Männern und Frauen, die in ihrem Land in Bezug auf Arbeitsschutz und Arbeitsrechte auf der untersten Stufe stehen; in Costa Rica sind es Leute aus Nicaragua, die als *Sans Papiers* in Haushalten als Mägde oder als Wächter des Hauses zu einem Hungerlohn angestellt würden. Da die Angestellten rechtlos sind, geschieht es immer wieder, dass man sie entlässt, um ihnen den Lohn von ein paar Franken nicht auszahlen zu müssen. Wehren können sie sich nicht, da sie illegal in Costa Rica sind.

Das Beispiel macht deutlich, dass es in jedem Land – auch in einem armen Land wie Costa Rica – immer Menschen gibt, die an unterster Stelle stehen. Unser Gast aus Costa Rica berichtete auch von den menschenverachtenden Bedingungen, die in den meisten Bananenplantagen vorherrschen würden. *Bananen schmecken für mich nach Blut,* sagte die Theologin, *denn die Arbeitenden sind den Pestiziden auf den Plantagen schutzlos ausgeliefert.*

Auf die Fragen von Zuhörerinnen, was wir denn tun könnten, antwortete sie, man müsse in kleinen, aber hartnäckigen Schritten vorwärts gehen, z.B. bei Konsumgütern, die aus unfairen Bedingungen entstanden sind, Einspruch erheben und jene unterstützen, die wenigstens etwas tun, auch wenn dies an sich noch ungenügend sei. Es sei für die Menschen in diesen Ländern auch wichtig zu wissen, dass es in unseren Ländern Leute gibt, denen ihr Schicksal nicht gleichgültig sei. Denn Gleichgültigkeit wirke wie ein Todesurteil für Menschen, die unter solchen Bedingungen arbeiten müssen.

Unser Gast aus Lateinamerika sprach die Hartnäckigkeit an. Solcher Hartnäckigkeit begegnen wir auch in unserer Geschichte aus dem Buch Rut. Diese führt uns ja auch in eine äusserst desolate Situation zweier Frauen: Ohne männliche Ernährer bleibt ihnen nur das Betteln um Almosen, die Prostitution oder das Armenrecht der Ernte-Nachlese, um ihre Existenz zu sichern. Letzteres hat Rut, die Ausländerin im Lande Juda, versucht – mit Erfolg: Rut konnte als Nachleserin und dank der Güte des Feldbesitzers Boas viel an geworfeltem Korn heimbringen.

Die primäre Sorge um den hungrigen Magen ist abgewendet. Doch wie lange das reichen wird? Rut und Noomi haben Glück. Rut kann sich bis zum Schluss der Ernte auf dem Felde Boas‘ aufhalten. Ihr Gewinn ist nicht nur das Korn, das sie auflesen kann, sondern auch der Schutz, denn Boas hat seine Knechte angewiesen, die arbeitende Ausländerin in Ruhe zu lassen. Die Aufforderung hat uns gezeigt, welch reeller Gefahr Rut auf dem Feld ausgesetzt sein könnte. In der Rede Noomis am Abend wird diese reelle Gefahr für Rut nochmals wiederholt:

Es ist gut, meine Tochter, wenn du mit seinen jungen Frauen hinausgehst, so wird man dich auf einem anderen Feld nicht belästigen.

Noomi weiss also auch, dass Rut Freiwild ist und ihr die Gefahr droht, für das bisschen Korn Gewalt aller Art zu erfahren. Die Geschichte lässt keinen Zweifel daran, wie brutal die Realität einer Migrantin und einer alleinstehenden Frau hier auf den Feldern Betlehems sein kann.

Dass dieser Realität so viel Beachtung geschenkt wird, ist einer der gewichtigen Gründe, warum man beim Buch Rut durchaus auch mit einer weiblichen Autorenschaft rechnen kann oder zumindest mit einer Erzählung, die in Frauenkreisen kursiert ist. Ist es aber ein männlicher Autor, kann man ihm Einsicht in weibliche Schicksale attestieren! Denn die Sicht auf Frauenleben kommt in der Bibel nur ganz am Rande vor. Meist sind Frauen es ja nicht einmal wert, dass sie von den Autoren mit Namen genannt werden.

Noomi drängt darauf, für ihre Schwiegertochter eine *Ruhestatt* zu finden. Daher wird sie ganz lebendig, als sie hört, dass Rut auf dem Feld von Boas arbeitet. Sie, die noch vor kurzem sich nicht mehr Noomi, die Liebliche, sondern Mara, die Bittere, nennen lassen wollte, kann jetzt ausrufen:

Gesegnet sei er von JHWH, der den Lebenden und den Toten seine Güte nicht versagt! (...) Der Mann ist mit uns verwandt, er ist einer von unseren Lösern.

Hier fällt nun zum ersten Mal das Wort *Löser*. Was damit gemeint ist, wird uns noch beschäftigen müssen. Doch vorerst erahnen wir, dass mit Boas Hoffnung und die ersehnte Sicherheit verknüpft sein muss. Die folgende Aufforderung der Schwiegermutter, dass Rut sich baden, salben, zurecht machen und des Nachts auf der Tenne dem Boas unter die Decke schlüpfen solle, kann nun wirklich etwas befremden! – Um das geworfelte Korn nach dem Tag der Ernte vor Diebstahl zu schützen, war es Brauch, es auch nachts nicht zu sehr aus den Augen zu lassen. Zudem war die Ernte auch mit Geselligkeit verbunden. Das weiss Noomi als Einheimische sehr wohl. Ist sie nun als eine Kupplerin tätig und fordert sie Rut auf, sich zu prostituieren? Auch wenn die Sprache behutsam gewählt ist: Im Hebräischen lassen die verwendeten Ausdrücke kaum einen Zweifel offen, dass es sich hier um eine erotische Sache handelt. Die Situation allein spricht eine deutliche Sprache:

Verlangt nun Noomi von Rut einen wahrlich vollen Körpereinsatz, um ihr Glück zu erringen? Strapaziert sie die Treue Ruts bis zur Unerträglichkeit?

Erneut überrascht die Reaktion Ruts: Sie wägt nicht ab, sie gehorcht einfach. Sie setzt mit Noomi ihr Schicksal auf diese eine Karte. Auch wenn das Unterfangen für die beiden Frauen einen neuen Horizont auftun könnte, ist es ein Einsatz, der mehr als gewagt ist: Als fast rechtlose Frau und zudem als Nichtisraelitin soll sie – fein duftend und gepflegt – zu einem fremden Mann, der ihr Arbeitgeber ist, nachts unter die Decke schlüpfen! Wie rasch könnte ihr der Ruf, ein liederliches Weibsstück zu sein, anhaften! Grundsätzlich gilt Rut bis zu einer Wiederheirat immer noch als verheiratet mit ihrem verstorbenen Manne Machlon, dem Sohne Noomis. Es könnte ihr also auch als Ehebruch ausgelegt werden.

In der heutigen Lesung aus dem Neuen Testament, einer Geschichte, die sich einige hundert Jahre später abspielt, haben wir deutlich vor Augen, wie sehr das Recht gegen die Frauen gerichtet werden konnte. Auf Ehebruch stand Steinigung. Ein verheirateter Mann konnte prinzipiell nur in eine fremde Ehe einbrechen. Die verheiratete Frau brach immer ihre eigene Ehe. Jesus appelliert an die Grundlage, die allen Gesetzen, die man gegen andere hartherzig anwendet, zugrunde liegen sollte. Er wirft den Ball der Anklage geschickt zurück: *Wer ohne Sünde ist, der werfe den ersten Stein!*

Wie immer die Strafpraxis bei Ehebruch in Realität ausgesehen haben mag: Rut setzt in jedem Fall viel aufs Spiel. Allein ein übler Nachruf kann sie und Noomi schwer schädigen. Sie nimmt das Risiko auf sich, scheinbar ohne mit der Wimper zu zucken. Wie kann sie eine solche Entscheidung fällen, wenn sie fast nur verlieren kann? Ich denke, weil sie keine Wahl hat. Und tut es Rut aus Liebe zu Noomi? Dies können wir aus der vorangehenden Geschichte mit Ruts eindrücklichem Schwur – *wo du hingehst, da will auch ich hingehen, wo du stirbst, da werde auch ich sterben* – annehmen.

Die eigentliche Liebesgeschichte in dieser Erzählung ereignet sich zwischen der alten Noomi und Rut, der Moabiterin! Die Liebe ist denn auch der Antrieb dafür, dass Menschen Risiken eingehen, Mut-Anfälle haben, über sich hinauswachsen oder auch ihr Leben aufs Spiel setzen. Ich nehme an, dass Sie dies auch aus Ihrem Leben kennen: Die Liebe, welcher Art auch immer – Mutterliebe, geschlechtliche Liebe, Freundschaft, die Liebe zu Tieren, die Liebe zur gesellschaftlichen Gerechtigkeit – lässt uns über uns hinauswachsen, kann uns Verrücktheit verleihen, wenn es darauf ankommt. Im Namen der Liebe werden allerdings, vor allem von Frauen, auch viele Opfer gebracht. Lassen Sie uns deshalb einen Blick in die Gegenwart unserer Gesellschaft werfen und erfahren wir von einem heutigen Frauenschicksal:

Marta ist in Venezuela aufgewachsen und lebt seit einigen Jahren in der Schweiz. Zeitweise ist sie als Sexarbeiterin tätig. In einem Interview mit einer Frau aus dem Fraueninformationszentrum erzählt sie über ihren Hintergrund und ihre Arbeit:

FIZ *Ist Sexarbeit eine Arbeit wie jede andere?*

Marta *Nein, es ist nicht dasselbe, weil es deinen Körper betrifft. Die Arbeit ist nicht unbedingt härter als andere, aber du weisst, dass du deinen Kör-*

per verkaufst. Für mich ist es nicht einfach. Ich versuche es ruhig zu nehmen, um mich nicht zu traumatisieren. Und ich muss es tun, wegen der Notwendigkeit, zu überleben.

FIZ *Warum?*

Marta *Es ist für mich hier in der Schweiz die einzige Möglichkeit, auch wegen der Sprache und um meine zwei Kinder durchzubringen. Das ist eine grosse Verpflichtung.*

FIZ *Verdienst du viel?*

Marta *Nun, ich habe immer nur so viel gearbeitet, um meine Auslagen zu decken. Aber es gibt Frauen, die viel verdienen. Sie arbeiten Tag und Nacht. Ich nicht. Heute habe ich meine zwei Freunde (Stammfreier) und kein Arbeitszimmer mehr. Früher war das anders. Ich musste sehr hohe Schulden abzahlen: Weil ich schwanger war und keine Arbeit fand, musste ich mich verschulden. Zudem kostete mich eine Operation viel Geld. Jetzt habe ich die 25 000 Franken zurückbezahlt. Heute arbeite ich nur so viel, um die Krankenkasse, die Miete und das Essen bezahlen zu können.*

FIZ *Wie viel Miete hast du für dein Arbeitszimmer bezahlt?*

Marta *1050 Franken. Aber wir haben es zu zweit gemietet, eine arbeitete am Tag, die andere in der Nacht. (. . .)*

FIZ *Warst du auch in Venezuela als Sexarbeiterin tätig?*

Marta *Nein, nie. Ich habe vierzehn Jahre lang in einer Feuerwerksfabrik gearbeitet.*

FIZ *Warum kamst du in die Schweiz?*

Marta *Es gab drei schwere Explosionen in der Fabrik, ich war monatelang im Spital, andere starben. Und deshalb wollte ich aufhören. Ich ging nach Deutschland, meinen damals zehnjährigen Sohn liess ich bei meiner Schwester. In Deutschland habe ich Frauen, die im Sexgewerbe arbeiteten, Getränke und Essen verkauft. Damit sparte ich das Geld für die Reise in die Schweiz. Und hier lernte ich einen Mann kennen, in den ich mich sehr verliebte. Das war das Schönste. Wegen ihm bin ich auch immer* *wieder gekommen. Und dann wurde ich schwanger. Er sagte aber, das sei mein Problem. Er wollte nie etwas mit seiner Tochter zu tun haben. Die Situation war sehr, sehr hart. Ich war hier, illegal, mit einem Kind. Ich verkaufte Essen, und ich wurde ausgeschafft. Und dann lernte ich meinen jetzigen Mann kennen. Mit ihm habe ich es sehr gut. Er akzeptiert auch meine Kinder.*

FIZ *Wissen deine Kinder von deiner Arbeit?*

Marta *Nein. Der Ältere sagte mir, als er neu in der Schweiz war: «Kauf mir dies, kauf mir jenes.» Da sagte ich: «Nein. Hör mal, wenn es eines Tages sein muss, dass ich mich für unser Dach und unser Essen prostituieren muss, dann tue ich das. Weil dies ein Land ist, in dem man mit Geld lebt. Aber nicht für Luxusgüter, für eine Jacke, die 300.- Franken kostet.» Er wurde still. Aber er weiss es nicht.*

FIZ *Wie würden deine Kinder denn reagieren, wenn sie es wüssten?*

Marta *Sie würden sich von mir abwenden, ich würde sie verlieren. Auch aus diesem Grund würde ich gerne ganz aufhören mit dieser Arbeit.*

FIZ *Vielen Dank, Marta, für dieses Gespräch und deine Offenheit.*

PS: Drei Tage nach unserem Gespräch kam Marta strahlend ins FIZ und erzählte, dass sie eine Arbeit als Reinigungsangestellte in einer Bank gefunden habe. Sie verdient Fr.16.- netto die Stunde und ist sehr glücklich über diese Stelle.[3]

Existenzkampf, aber auch die Liebe und die Suche nach der *Ruhestatt*, nach dem Ort des Glücks – das ist in einem Menschenleben ein starker Antrieb. Das macht uns auch das Schicksal von Marta deutlich.

Es ist hier der Moment, inne zu halten und darüber nachzudenken, welche Lebensantriebe wir haben. Wieviel haben wir in unserem Leben eingesetzt, was haben wir sogar auf eine Karte gesetzt, um unsere Existenz zu sichern? Haben wir uns für den sogenannt *sicheren* Beruf entschieden statt für einen Traumberuf? Haben wir unser Leben nach den Wünschen der Eltern ausgerichtet und unsere eigenen auf die Seite geschoben? Welche Opfer haben wir für die Liebe gebracht? Haben wir uns dabei aufgegeben, haben wir zu viel geopfert? Wollten wir Erwartungen anderer erfüllen? Das sind Fragen, die viel Persönliches im Lebenslauf berühren. Man kann die Fragen aber auch in den Zusammenhang stellen, dem wir am Anfang mit den Arbeitsbedingungen in Lateinamerika begegnet sind. Wieviel sind wir aus Solidarität bereit zu tun? Ist das Engagement für die Schwachen der Welt nicht eine gesellschaftliche Form der Liebe?

Aus der Beziehung von Rut und Noomi, die sich durch die Not hindurch als eine tragende Beziehung erweist, ergeben sich auch sehr persönliche Anfragen an unser eigenes Leben!

Den Begriff *Ruhestatt*, *Ort der Ruhe*, wie es von Noomi gebraucht wird, können wir als Metapher dafür nehmen, was wir selbst als erstrebenswert betrachten. Wo erahnen wir unser eigenes Lebensglück? Wie sieht dieser ersehnte Ort aus? Der Erfolg im Beruf, das Ferienhaus am Meer, Erfolg bei Frauen oder Männern, eine harmonische Familie, ein materiell gesichertes Leben, einen eigenen Betrieb, die Auszeit auf der Insel . . .

Die Antwort auf die Frage nach dem *Ort der Ruhe* wird wohl sehr verschieden ausfallen! Auf der Suche aber nach Glück leiden wir oftmals. Wir leiden, weil wir Bedingungen stellen. *So muss es sein, sonst bin ich nicht glücklich*. So empfinden viele. Rut hingegen scheint gar keine Bedingungen zu stellen. Vielleicht, weil sie ihren Einsatz auf der Tenne weder an persönliches Glück noch Unglück knüpft. Sie will einfach Noomis Plan umsetzen. Sie knüpft ihr Schicksal tatsächlich an den Gott Noomis. Dieser ist ihr zwar fremd, aber sie kann ihn in der Haltung Noomis und auch bei Boas erfahren. JHWH, dieser Gott, wurde von Noomi zwar auch als Bitterkeit bringender Gott erfahren, aber ebenso als einer, der seine Barmherzigkeit weder von Lebenden noch von Toten abwendet, wobei die Toten durchaus die im Leben sozial Toten bezeichnen, so, wie sich eben auch Noomi selbst gefühlt hat.

In diesem Vertrauen auf die Einbindung des Bitteren und des Nährenden im Gott Noomis und Boas‘ macht sich Rut bereit, in einem ungewissen nächtlichen Stelldichein auf der Tenne das Schicksal herauszufordern. Doch von dieser Nacht hören wir in der nächsten Predigt, in der Hoffnung, es erfülle sich für die Mutige, was ihr Boas versprochen hat:

Es vergelte dir JHWH dein Tun, und voller Lohn soll dir zuteilwerden von JHWH, dem Gott Israels, zu dem du gekommen bist, um unter seinen Flügeln Zuflucht zu finden.

11. März 2007, dritter Fastensonntag

5. HINGABE

6 Und sie ging hinunter zur Tenne und machte alles so, wie ihre Schwiegermutter es ihr befohlen hatte.

7 Und Boas ass und trank, und sein Herz war guter Dinge. Und er ging, um sich am Rand des Getreidehaufens hinzulegen. Und sie kam im Verborgenen und deckte seine Füsse auf und legte sich nieder. 8 Und mitten in der Nacht, da erbebte der Mann und drehte sich um, und sieh, da lag eine Frau an seinen Füssen. 9 Und er sagte: Wer bist du? Und sie sagte: Ich bin Rut, deine Magd. Breite doch deine Gewandsäume [Flügel] über deine Magd aus, denn du bist ein Löser. 10 Und er sprach: Gesegnet seist du durch JHWH, meine Tochter. Du zeigst deine jetzige Güte schöner noch als die erste, weil du nicht hinter den jungen Männern, ob arm oder reich, hergelaufen bist. 11 Nun aber, meine Tochter, fürchte dich nicht. Alles, was du gesagt hast, will ich für dich tun, denn alle im Tor meines Volks wissen, dass du eine starke Frau bist. 12 Und nun steht es zwar fest, dass ich ein Löser bin, es gibt aber einen Löser, der noch näher verwandt ist als ich. 13 Bleibe über Nacht, und am Morgen, wenn er dich lösen will, gut, so soll er lösen. Wenn es ihm aber nicht gefällt, dich zu lösen, so werde ich selber dich lösen, so wahr JHWH lebt. Bleib liegen bis zum Morgen.

14 Und sie schlief an seinen Füssen bis zum Morgen, und sie stand auf, noch bevor einer die andere erkennen konnte. Und er sagte: Es soll nicht bekannt werden, dass die Frau auf die Tenne gekommen ist. 15 Und er sagte: Gib mir den Überwurf, den du auf dir hast und halte ihn auf. Und sie hielt ihn fest, und er mass sechs Mass Gerste ab und lud es ihr auf. Dann ging er in die Stadt.

16 Sie aber kam zu ihrer Schwiegermutter. Und diese fragte: Wer bist du, meine Tochter? Und sie berichtete ihr alles, was der Mann für sie getan hatte. 17 Und sie sagte: Diese sechs Mass Gerste hat er mir gegeben, denn er hat gesagt: Du sollst nicht leer zu deiner Schwiegermutter kommen. 18 Und sie sagte: Bleib, meine Tochter, bis du erkennst, wie die Sache ausgeht. Denn der Mann wird nicht ruhen, es sei denn, er bringt die Sache noch heute zu Ende. **Rut, 3,6-18**

Zusätzliche Bibellesung: Lukas 7,36-50 (Jesu Salbung durch die Sünderin)

Was für eine Nacht! In dieser Nacht soll auf einer Tenne zwischen goldenen Körnerhaufen ein verwegener Plan zum Gelingen geführt werden – mit ganzem Körpereinsatz! Der Plan, den Noomi ausgeheckt hat, ist wirklich verwegen, wenn nicht verrucht: Sie schickt ihre treue Schwiegertochter Rut – gebadet und gesalbt – nachts zu dem Grundbesitzer Boas auf die Tenne, um unter seine Decke zu schlüpfen. Die geschilderte nächtliche Szene ist sinnlich und erotisch aufgeladen, daran lässt die Situation und lassen die im Hebräischen verwendeten Ausdrücke keinen Zweifel. Und doch geht es im Kern um einen ganz nüchternen Handel. Denn letztlich soll dieses für Rut äusserst gewagte nächtliche Stelldichein eines bewirken: Den beiden verarmten und unversorgten Frauen Rut und Noomi Sicherheit und Zukunft zu geben. Aber es geht längst nicht nur um ein individuelles Glück. Um diesen Handel in der Tiefe zu verstehen, müssen wir uns daran erinnern, dass es für das Alte Israel zwei fundamentale Heilsgüter gibt: das eine ist das Land, auf dem sich das Volk niederlassen kann und zu dem Gott sie geführt hat, und das andere ist die Nachkommenschaft. Die Zukunft des Volkes ist nur gesichert und gesegnet durch die Nachkommenschaft.

Volk und Land, das sind die Fundamente der Existenz des biblischen Israels. Wir müssen diesen nächtlichen Handel also auch vor diesem Hintergrund lesen. Er soll dazu führen, das Leben der alten Noomi zu *lösen*, das heisst, es soll wieder heil gemacht werden. Ihr Stammbaum darf durch den Tod des Ehemannes und der Söhne nicht ausgelöscht werden. Noomi und ihr Mann (in einer patriarchalen Gesellschaft ist es vor allem ihr Mann) sollen in einem Kind weiterleben und dadurch weiterhin Anteil haben am Gottesvolk. Ansonsten ist sie ein Nichts, ähnlich der Spreu, die von dem nährenden Korn getrennt und durch den Wind verweht wird.

Und dazu werden recht frei und kreativ zwei verschiedene (für uns komplizierte!) Rechtsbräuche miteinander verknüpft: Einerseits gibt es die Regelung des Levirats, der Schwager-Ehe. Sie besagt, dass im Fall des Todes eines kinderlosen Mannes (die Söhne von Elimelech und Noomi sind ja gestorben, ohne selbst Söhne zu hinterlassen) der Bruder des kinderlosen Mannes mit dessen Witwe ein Kind zeugen soll. Das Kind aber gilt dann als Kind des Verstorbenen! Die Institution des *Lösers* hingegen regelt etwas anderes: Ein naher Verwandter soll Haus und Boden zurückkaufen, die wegen Überschuldung haben veräussert werden müssen. Womöglich hatte Elimelech, der Ehemann Noomis, ein Landstück verkauft, bevor die Familie wegen der Hungersnot in Betlehem nach Moab emigriert ist. Und weil das Land Gott gehört, kann es nicht beliebig weiter verkauft werden. Noomi spricht auf diese Solidaritätsregelung des Lösens an. Im Grunde genommen regeln diese Gesetze die Kontinuität von Land und Nachkommenschaft. Sie werden in unserer Erzählung kombiniert. Mit der Aufforderung *Breite dein Gewand über mich aus!* fordert Rut den Beischlaf und bittet um die Ehe, aber nicht nur für sich selbst, sondern damit Noomi zu ihrem Recht kommt.

Nach so viel altorientalischer Gesetzlichkeit kehren wir einen Moment lang zur Sinnlichkeit dieser Nacht zurück! Der orientalische Erzähler oder die Erzählerin fügt dem nächtlichen Stelldichein nicht nur einen gehörigen Schuss Erotik bei, sondern vergisst auch den Schalk nicht.

Mitternacht! Geisterstunde! Just um diese Zeit erschrickt der gute Boas ganz gewaltig aus seinem geruhsamen Schlaf! Nach ausgiebigem Essen und Trinken hat er bis spät in die Nacht gefeiert und sich anschliessend schlafen gelegt. Jetzt – dieses gewaltige Erschrecken – nur wegen einer Frau, die an seiner Seite liegt? Ist nicht eher zu vermuten, dass volkstümliche Schauergeschichten im Spiel sind? Nach altorientalischer Vorstellung ist die Nacht die Zeit der Dämonen, die herumziehend ihr Unwesen treiben. So wird Mose nachts in der Wüste angeblich von Gott überfallen, in der Absicht ihn zu töten. (Ex 4, 24) Wahrscheinlich handelt es sich im Ursprung um mythologische Reste, die von Wüstendämonen berichten. Der *Schrecken der Nacht* betraf auch Dämoninnen wie die *Lilu* oder *Lilith*, die aus babylonischen Göttinnen hervor gegangen ist, aus der schrecklichen Göttin *Lamaschtû* und der sinnlich-erotischen *Ischtar.* Auch Lilith konnte herum schweifen und Unheil im

Haus und im Hof anrichten, weswegen es zahlreiche altorientalische Beschwörungstexte zur Abwehr von Lilith gibt. Besonders auch Männer waren gefährdet, da Lilith sich nachts mit ihnen geschlechtlich zu vereinigen versuchte. Jesaja berichtet von Lilith als einer Wüstendämonin, die sich in der Einöde ihre Ruhestatt sucht. (Jes 34,11-14)

Eine Ruhestatt des Lebens sucht sich ja auch Rut, indem sie das Abenteuer auf der Tenne wagt. Diesen Hintergrund mag der Erzähler oder die Erzählerin schalkhaft ausnutzen und gibt damit auch den Frauen etwas zum Schmunzeln. Man kann daher Boas' erleichtertes Aufatmen beinahe hören, als sich Rut ihm zu erkennen gibt! *Ich bin Rut, deine Magd.* Sie braucht dabei ein anderes Wort als noch auf dem Feld, wo sie Ähren nachgelesen hat. Dieses Wort *Magd* hat die Bedeutung einer sozialen Beziehung, welche die Sexualität einschliesst – wie etwa bei Hagar, der Magd Abrahams und Gebärerin seines Sohnes Ismael.

Spätestens an dieser Stelle der Geschichte werden manche ein bisschen erstaunt aufhorchen. Diese biblische Szene wirkt doch sehr freizügig, nicht wahr? Doch müssen wir die eigene Sexualmoral auf die Seite legen: Rut tut zwar etwas Riskantes, aber nichts Ungebührliches. Sie, die den Schwur aller Treueschwüre gegenüber Noomi geleistet hat, erfüllt damit ihr Versprechen, Noomi und der Elimelech-Familie ihr Fortbestehen im Gottesvolk zu ermöglichen. Ausgerechnet eine Nicht-Israelitin, eine Moabiterin, gibt sich dazu buchstäblich mit Leib und Seele hin!

Hier wird ihr Schwur (*Dein Volk ist mein Volk, dein Gott ist mein Gott),* den sie der alten Noomi gegeben hat, leibhaftig. Er soll zum Leib werden, zum Kind, zur Generationskette, an deren Ende nach der Tradition Jesus von Nazareth stehen wird!

Wie nun Boas reagieren wird, davon hängt die ganze Geschichte ab. Rut und Noomi haben alles auf eine Karte gesetzt. Alles kann schief gehen. Boas könnte die Situation schamlos ausnutzen. Welche Rechte hätte schon diese kinderlose, verarmte Ausländerin, deren Herkunftsland – das wissen wohl die

Hörer und Hörerinnen – auf einen Inzest von Lot mit seinen Töchtern zurückgeführt wird? Der Text mag auch mit dieser Erinnerung spielen!

Im Buch der sprechenden Namen – die Bedeutung der Namen geben das Programm der Geschichte vor – erweist sich Boas ein weiteres Mal als der *Mann von Kraft*, als *fähiger Mann*. In dem, was Rut hier auf der Tenne tut, erkennt er ein weiteres Zeichen ihrer Treue zu Noomi.

Er braucht hier das hebräische Wort *chäsäd,* das meist mit *Güte* übersetzt wird. Doch ist diese Übersetzung nicht ganz glücklich. Das Wort meint viel eher *Liebe und Treue*, eine existentielle Verbundenheit, die nicht durch ein Gebot erzwungen, rechtlich geregelt oder eingeklagt werden kann. So verwundert es uns nicht, dass *chäsad* meist von Gott ausgesagt wird. So sagt es Noomi einige Verse vorher: *Gesegnet sei er von Gott, der seine Güte an den Lebendigen und an den Toten nicht verlässt!* Es ist Ruts Güte, die Boas nun segnet!

Hat eben noch Rut ihrer Schwiegermutter versprochen, alles zu tun, was Boas sage, so gelobt nun Boas, alles zu tun, was Rut sage. Immer wieder kann uns bei sorgfältigem Lesen des Buches Ruts diese Spiegelbildlichkeit auffallen. Noomi denkt und plant für die Zukunft Ruts. Rut handelt für Noomi, und Boas tut alles für Rut, was in seiner Macht steht. Es kommt mir wie ein menschliches Dreieck der Güte und der Gottesfurcht vor. Hier ist das Wort *sich hingeben* angebracht, gerade in dieser nächtlichen sinnlichen Szene, wo das Wort *sich hingeben* einen erotischen Klang erhält. Doch ist es die Hingabe dieser drei Menschen an das Bedürfnis des andern Menschen, die Güte (er)zeugt. Hier liegt nun der Gewinn für unsere eigene Erkenntnis! Wie oft sagen wir oder hören wir, dass man in dieser Welt nichts tun könne, um sie zu bessern! Wie oft ist es auch ein praktischer Vorwand, sich um nichts kümmern zu müssen!

Diese Geschichte widerspricht aller Resignation: Am Anfang steht eine desolate Situation zweier Witwen. Sie ist praktisch aussichtslos. Doch indem jede und jeder sich an einen andern Menschen hingibt, kann verdorrtes Leben wieder neu aufspriessen. In diesem Sinne erhält die Hingabe, in unserer Geschichte auch die körperliche Hingabe, den Glanz des Heiligen!

Es ist diese Hingabe, die uns auch in der Passionsgeschichte von der Salbung Jesu durch eine Frau begegnet. Sie ist uns in allen vier Evangelien in Varianten überliefert worden, was uns zeigt, wie bedeutend die Geschichte für die Jesusbewegung gewesen sein muss, auch wenn die Frauengestalten darin wechseln.

Bei Lukas ist es eine Sünderin der Stadt, die Jesus salbt. In dieser Überlieferung wäscht sie seine Füsse mit Tränen, trocknet sie mit ihrem Haar und salbt sie mit dem duftenden Öl. Es ist eine Geste voller Hingabe und Zärtlichkeit, eine Hingabe mit Körper und Geist. Der Hoheitstitel von Jesus, das hebräische Messias oder das griechische Christus bedeutet denn auch nichts anderes als der Gesalbte. Gesalbt als König, gesalbt als Ehrengast, prophetisch gesalbt als einer, der dem Tode geweiht ist. Doch die moralische Verurteilung durch die Jünger folgt sofort. Jesus heiligt hingegen die Hingabe der salbenden Frau:

Darum sage ich dir: Ihre vielen Sünden sind vergeben, denn sie hat viel geliebt; wem aber wenig vergeben wird, der liebt wenig. Zu ihr aber sagte er: Dir sind die Sünden vergeben. (Lk 7,47)

In den Evangelien Matthäus und Markus verknüpft Jesus diese Hingabe und prophetische Handlung gar mit dem Kern seines Seins, dem Evangelium:

Amen, ich sage euch: Wo immer in der ganzen Welt das Evangelium verkündigt wird, da wird auch erzählt werden, was sie getan hat, zu ihrem Gedächtnis. (Mk 14,9)

Kehren wir zurück zur Szene auf der Tenne! Mit diesen Gedanken im Hintergrund gewinnt die erotische Szene, die sich dort abspielt, nun an Tiefenschärfe! Wir können sie in einen grösseren Bedeutungszusammenhang einbetten. Boas reagiert als würdiges Pendant zu Rut. Er willigt in diesen Handel ein, auch wenn es vor dessen Erfüllung noch rechtliche Knacknüsse gibt. Es existiert nämlich ein Mann, der mit Noomi näher verwandt ist und daher vor ihm Löser sein dürfte.

Auch Boas weiss offenbar um die Gefahr, in der Rut schwebt und will nicht, dass man sie sieht. So wie sie im Dunklen gekommen ist, macht sie sich in der Dämmerung auf, um zu Noomi zurückzukehren. Doch welche Gefahr sollte Rut nun drohen?

Es ist die Gefahr der moralisierenden Anklage, der wir auch in der Salbungsgeschichte begegnen. Stellen wir uns vor, wie Rut auf dem Weg nach Hause von Nachbarinnen und Nachbarn gesehen würde. Hören wir ihre Stimmen: *Ist das nicht Rut, die Moabiterin! Dieses Flittchen ist auf die Tenne gegangen! Wusste ich es doch, dass die Moabiterinnen verrucht sind! Am Ende verführt sie den rechtschaffenen Boas zu ihren vielen Götzen, die sie dort im Lande haben? Ob Noomi davon weiss? Vielleicht schlägt sie sich heimlich den Bauch voll und Noomi muss zu Hause hungern! Und überhaupt: Wollen wir diese Moabiterinnen in unserem Land? Vermehren diese sich nicht wie die Kaninchen?*

Von solchen Verurteilungen anderer Menschen und auch anderer Ethnien können wir regelmässig hören und lesen. Klatsch gleitet über in üblen Nachruf, der Menschen wesentlich schädigt. Wir sind leichtgläubig, wenn es darum geht, unsere Vorurteile durch böses Gerede bestätigen zu lassen! Wie wenig Wissen und Einsicht in Sachverhalte haben wir meistens dabei! Wir könnten die Geschichte Ruts aus verschiedenen Perspektiven schreiben, so wie ich es gerade versucht habe. Es könnte für uns wie ein Spiegel wirken! Aber so und nur so, werden diese Geschichten auch für uns wesentlich. Wir sind ja der Geschichte weit voraus. Wir wissen, wie sehr und unter welchem Einsatz Rut *chäsäd*, Güte, tut, allein in ihrer Liebe und Treue zu Noomi. Doch wann, ausser eben in einer erzählten Geschichte, haben wir schon diesen Aussen- und Innenblick zugleich? Wie oft haben wir selber schon geurteilt, verurteilt, ohne wirklich zu wissen? Ohne wirklich zu verstehen?

Das ist die Gefahr, die Rut auf dem Wege nach Hause eingeht. Es ist die

Gefahr der vorschnellen Verurteilung, die nie nach Güte, Liebe, guten Motiven fragt. Es ist eine alltägliche Form, Menschen zu verletzen, Unrecht zu tun, ja Menschen und ihre Würde zu kreuzigen.

Doch können wir aufatmen: Rut kehrt unbehelligt zu Noomi zurück. Reich beschenkt mit geworfeltem Korn, mit Brot des Lebens. Es ist Zeichen der Hoffnung, dass auch ihr Leben in einem umfassenden Sinn bald gesättigt werden könnte.

25. März 2007, fünfter Fastensonntag

6. ERLÖSTES LEBEN

4,1 Und Boas ging zum Tor hinauf, und dort setzte er sich. Und sieh: der Löser, von dem Boas gesprochen hatte, ging vorüber. Und er sagte zu ihm: Du-da, komm, bleib hier! Und er kam und blieb. 2 Und er nahm zehn Männer von den Ältesten der Stadt und sprach: Bleibt hier. Und sie blieben. 3 Und er sagte zum Löser: Noomi, die aus den Feldern Moabs zurückgekehrt ist, verkauft den Anteil des Feldes, der unserem Bruder Elimelech gehört hat. 4 Und ich habe mir gesagt, ich will dir die Sache vorbringen: Kaufe es in Gegenwart derer, die hier sitzen, und in Gegenwart der Ältesten meines Volks. Wenn du lösen willst, so löse, und wenn du nicht lösen willst, lass es mich wissen, damit ich es weiss. Denn ausser dir gibt es niemanden, um zu lösen, ich aber komme nach dir. Und er sagte: Ich werde lösen.

5 Da sagte Boas: An dem Tag, an dem du das Feld aus der Hand Noomis kaufst, erwirbst du auch Rut, die Moabiterin, die Frau des Verstorbenen, um den Namen des Verstorbenen auf seinem Erbbesitz bestehen zu lassen. 6 Da sagte der Löser: Ich kann für mich nicht lösen, sonst schädige ich meinen eigenen Erbbesitz. Löse du für dich meine Lösung, denn ich kann nicht lösen!

7 Dies galt früher in Israel: Um bei der Lösepflicht und beim Tausch eine Sache zu bekräftigen, zog der eine seinen Schuh aus und gab ihn dem anderen. Dies galt als Bezeugung in Israel. 8 Und der Löser sagte (deshalb) zu Boas: Erwirb du es! Und er zog seinen Schuh aus. 9 Und Boas sagte zu den Ältesten und zum ganzen Volk: Ihr seid heute Zeugen, dass ich alles, was Elimelech gehörte, und alles, was Kiljon und Machlon gehörte, von Noomi gekauft habe. 10 Und auch Rut, die Moabiterin, die Frau Machlons, erwerbe ich für mich zur Frau, um den Namen des Verstorbenen auf seinem Erbbesitz zu erhalten, damit der Name des Verstorbenen nicht getilgt wird unter seinen Brüdern und aus dem Tor seines Ortes. Zeugen seid ihr heute!

11 Und das ganze Volk, das im Tor war, und die Ältesten sagten: Ja, Zeugen! JHWH lasse die Frau, die in dein Haus kommt, wie Rahel und wie Lea werden, die beiden, die zusammen das Haus Israel gebaut haben. Sei fähig in Efrata, und rufe einen Namen aus in Betlehem! **Rut 4,1-11**

Zusätzliche Bibellesung: Lukas 24,13-34 (die Emmausjünger)

In der diesjährigen Agenda (2007) von *Brot für alle* fesselte mich ein kleines Foto[4]: Dort ist eine alte Südafrikanerin mit orangem Kopftuch und rosa, fleckigem Kleid zu sehen – aus runzeligem Gesicht in die Kamera lächelnd. Sie heisst Harriet Carollisen, hat vier Kinder, sechs Enkelkinder und zwei Urenkel. Die *alte* Frau ist erst 55 Jahre alt! So ungefähr habe ich mir Noomi aus dem Buch Rut immer vorgestellt. Und als ich den Kurzbericht über ihr Schicksal lese, ist es beinahe eine Noomi-Geschichte:

Harriet und ihr Mann arbeiten seit 20 Jahren auf einem Weingut. Der frühere Besitzer stellte beide als Landarbeiter ein und gewährte ihnen das Recht, auf dem Gut wohnen zu dürfen. Doch Harriet muss bald zurückstecken, weil Asthma und Tuberkulose ihr zusetzen. Nach Möglichkeit arbeitet sie einige Stunden auf den Feldern, um ihr kleines Einkommen etwas aufzubessern. Im Oktober 2002 wird ihr Mann entlassen, weil er während der Arbeit Alkohol getrunken hat. Aber zugleich wird auch Harriet das Anrecht auf Heim und Arbeit abgesprochen. Das bedeutet den Zusammenbruch ihrer Existenz. Das Gesetz gibt zwar einer Ehefrau unabhängig von ihrem Ehemann Anspruch auf Heim und Arbeit, doch es wird oft nicht angewendet. Ähnlich wie bei Noomi in unserer biblischen Erzählung: Sie kann auch nicht darauf zählen, dass der nächste Verwandte als Löser seiner Solidaritätspflicht nachkommen wird.

Die Fastenopfer-Partner *Lawyers for Human Rights* (Anwälte für Menschenrechte) kämpfen erfolgreich für die Familie; zumindest der Ehemann findet Arbeit auf der Nachbarsfarm und hilft der am Boden liegenden Existenz der Familie wieder auf die Beine.

Im Zeitpunkt unserer Geschichte steht für Noomi eine Lösung und Erlösung aus ihrer Not noch aus. Die Not ist gross; wir erleben, wie eine Frau wirtschaftlich und sozial wie tot ist, zudem gefesselt vom Schicksal und den Regeln der Gesellschaft, die ihr als Frau auferlegt sind. Sie ist auch geschichtlich tot, denn ohne Nachkommen ist ihre Lebenskette im Volk Israel abgerissen. Ihr Hunger ist daher vielseitig: Ihre Gegenwart ist von der Sorge um das tägliche Brot bestimmt. Zugleich hat sie Hunger nach einem geheilten Leben, das ihr wieder einen würdigen Platz in der Gesellschaft gibt. So ist die entscheidende Frage in dieser Schrift: Wie kann das Leben dieser Frau erlöst werden, heil gemacht werden?

Diese Frage stellt sich uns auch an diesem Ostermorgen. Auferstehung hat im Christentum wesentlich mit Erlösung zu tun. Christus wird als der Erlöser, der Retter, der Heiland bezeichnet. Aber wovon reden wir da eigentlich? Was ist eigentlich mit Erlösung gemeint? Ist es eine Worthülse? Sind wir Erlöste? Woran sieht man das? Wovon müssten wir überhaupt erlöst werden? Natürlich gäbe es darauf rasch einige theologisch-dogmatische Antworten. Aber ob sie begreifbar sind, fassbar mit unserem eigenen Leben?

Begeben wir uns stattdessen auf eine Spurensuche nach erlöstem, gelöstem Leben! Steigen wir in Gedanken in ein Tram (Strassenbahn) hier in der Stadt Zürich ein. Lassen Sie mich mit Ihnen meine zufälligen Beobachtungen teilen, die ich vor ein paar Tagen gemacht habe:

Bei einer der Tramtüren entsteht ein lauter Lärm. Ein sehr dickes Kind steigt schwerfällig ein; im Hintergrund stehen zwei Kameraden und rufen: *Du dicke Sau, das nächste Mal kommst du dran, wenn du nicht zahlst!* Der dicke Bub hat eine Tüte Schokoladenkugeln bei sich. Während der Tramfahrt beginnt er wie wild zu futtern, schaut trotzig zum Fenster raus und streckt den beiden bei der Abfahrt die Zunge raus und winkt mit der Tüte.

Bereits wird mein Blick wieder abgelenkt, weil mein Gehör in Anspruch genommen wird: Zwei jüngere Menschen, beide in korrekter Berufskleidung und Mappen, unterhalten sich angeregt über den Börsenkurs. Kurz bevor der eine aussteigen muss, lädt er den Kollegen ein, mit seiner Freundin zum Brunch zu kommen. Dieser wird verlegen und sagt: *Nein, ich komme allein. Wir sind nicht mehr zusammen.* Der andere, überfordert: *Ja, so geht es halt!* Ich lasse meinen Blick weiter schweifen. Ganz vorne im Wagen grölt jemand über die *verschissene* Welt, und dass alles Verbrecher seien. Eine Frau schaut missbilligend hoch. Sie liest gerade in einem Heft mit dem Titel *Schö-*

ne Welt oder so ähnlich, was das englische Königshaus gerade für Probleme hat. Irgendwo lächelt eine ältere Frau ein Kind im Babywagen an, an dem eine gestresst wirkende junge Frau hantiert. Ferner sehe ich viele abgelöschte, dumpfe Gesichter. Erlöstes Leben? Wo ist es zu finden?

Auf einer Bank liegt eine Zeitung. Sie macht meine Spurensuche nicht einfacher. Ich lese von Schulklassen, die ihre Lehrkräfte überfordern und krank machen, von Kriegs- und Hungergebieten dieser Welt, von Folterkammern und Todeslagern. Irgendwo lief jemand Amok, und ein Tiertransporteur hat unzählige Schweine ersticken lassen . . . Ich brauche nicht weiter zu lesen.

Wo denn um Gottes Willen ist erlöstes Leben zu finden? Leben, das heil, befreit ist? Oder ist gar mein eigener Blick verstellt? Nun, eigentlich muss erlöstes Leben in der Kirche zu finden sein, dort, wo der Erlöser gefeiert wird. Meine Erleichterung mag nicht recht aufkommen. Wie viele Streitereien gibt es vielerorts zwischen Behörden, Mitarbeiterinnen und Pfarrpersonen! Es gibt Konkurrenzkämpfe, Burnouts, Machtgerangel, Missgunst. Und auch Biederkeit, Kleinmut und Kleinkariertheit in Hülle und Fülle. Aber müsste da nicht Erlösung sichtbar sein, das heile, befreite Leben, dort, wo man den Auferstandenen in der Mitte wähnt? Meine Spurensuche ist alles andere als erquickend!

Die Oster-Ikonen der Ostkirche zeigen oftmals den Auferstandenen, wie er die Menschen aus der verschlossenen Unterwelt nach oben ins Lichtvolle hinein zieht. Dabei fallen Schlüssel in die Unterwelt hinunter. Könnten diese nicht auch all unsere psychischen Verliese repräsentieren?

Eine Schwierigkeit besteht darin, dass das Christentum Erlösung zu sehr vergeistigt hat. Damit erscheint sie für die einen blutleer; für andere bietet es hingegen die Möglichkeit, dass sie ihre eigenen moralischen Vorstellungen damit verbinden und zum Anspruch an andere erheben.

Wie erfrischend konkret ist hingegen das Buch Rut, was Erlösung betrifft! Steigen wir ein in den etwas komplizierten Abschnitt dieser Schrift, wo es um das Leben von Noomi und Rut geht, das ohne Perspektiven ist. Das Gebot des Lösens, das uns hier begegnet, bindet den nächsten Verwandten, solche Missstände im Leben eines Sippenmitglieds aufzulösen und es aus diesem sozialen Totenzustand zu erlösen.

Wir begeben uns in Gedanken zum Stadttor Betlehems. Wir können uns hierbei einen sehr geräumigen Bereich vorstellen, inmitten dicker Stadtmauern, die auch aus Stein gemeisselte Bänke zum Sitzen bereit halten. Jede und jeder muss durch dieses Tor hindurch, wenn er oder sie Betlehem verlässt, zum Beispiel, um auf den Feldern arbeiten zu gehen. Es ist auch der Ort, wo sich die rechtsfähigen Bürger versammeln, wo Sippenfragen abgehandelt und Gerichtsfragen behandelt werden. Es ist eine sehr patriarchale Welt, die uns hier geschildert wird: Männer werden versammelt, um über den Erwerb eines Landstücks und den Erwerb der Moabiterin Rut zu debattieren. Dorthin begibt sich jetzt Boas, um sein Versprechen einzulösen, welches er Rut in dieser denkwürdigen Nacht, in der sie bei ihm auf der Tenne gelegen ist, gegeben hat.

Er spricht den Mann an, der Noomi am nächsten verwandt ist. Denn dieser ist Löser, das heisst, er kann ein Stück Land erwerben, das einst dem Ehemann Noomis, Elimelech, gehört hat. Er hatte es wohl während der Hungersnot in Betlehem veräussern oder einfach unbebaut zurück lassen müssen. Hier ist die Erzählung, die sonst sehr schlüssig ist, nicht ganz klar, weil Noomi als Verkaufende erwähnt wird. Wir können annehmen, dass der Löser ein Vorkaufsrecht auf das Stück Land hat, aber eben auch eine Solidaritätspflicht gegenüber Noomi: Es geht um eine Lösung durch die Sippe, die Noomis Notsituation dauerhaft beenden kann. Mit dem Kauf des Landes löst er Noomi aus der wirtschaftlichen und sozialen Not und bringt ihr gewissermassen das Leben zurück. Ein solcher Landkauf kann aber auch Vorteile bringen. So ist der namenlose Löser schnell zum Kauf bereit. Mit seiner Zusage scheint das sich abzeichnende Happy End zu zerbröseln, nämlich, dass Boas und Rut ein Paar werden.

Aber Boas ist noch nicht zu voller Kraft aufgefahren: Jetzt erst lässt er die Katze aus dem Sack: Er wagt nun die Kombination zweier an sich gänzlich verschiedener Solidaritätsbräuche, das Lösen und die Leviratsehe, so wie es Noomi und Rut vorgezeichnet haben.

Mit dem Landkauf ist auch die Heirat mit der Moabiterin Rut verbunden, damit mit ihr ein Sohn gezeugt werde. Dieser würde dann als Sohn des verstorbenen Elimelech gelten. Seine Familie würde im Gottesvolk in der Generationenkette weiter Bestand haben. Unter diesen geänderten Umständen verzichtet der Löser auf den Kauf des Landes. Ein Sohn mit Rut könnte sein eigenes Erbteil schädigen. Nun ist Boas, der nächste Verwandte, Löser. Feierlich verspricht er vor dem Volk, das als Zeuge anwesend ist, dass er das Land der Noomi erwerbe und die Moabiterin Rut eheliche, damit der Name des toten Elimelech und seiner Familie nicht verschwinde.

Der Plan Noomis und Ruts, die Lösung, ist beinahe perfekt: Noomi ist bis zu ihrem Lebensende versorgt und die Ausländerin Rut in das Volk Israel eingebürgert. Aber noch besteht Spannung: Rut hat in der zehnjährigen Ehe mit Machlon, dem verstorbene Sohn Noomis, keine Kinder empfangen. Doch nur ein Sohn von ihr und Boas kann Noomi und ihre Familie von ihrem geschichtlichen Tod im Volk erlösen.

Zugegeben: dieser Handel ist etwas kompliziert und nicht leicht zu verstehen. Gut verständlich ist jedoch der Umstand, dass das Leben der Noomi hier eine Lösung erfährt, die ihr das weitere Leben ermöglicht. Für sie bedeutet dieser Handel eine konkrete Erlösung! Und die ist durchaus mit Gott verbunden: Im Ersten Testament meint *Erlösung* Irdisches, Spürbares, Sichtbares, Konkretes und zugleich Göttliches. In der hebräischen Sprache ist es das gleiche Wort für den Löser (*goel*) hier in diesem Handel, wie dort, wo Gott das Volk aus der Gefangenschaft und Fremdherrschaft in Ägypten herausführt: *Ich werde euch aus der Fron Ägyptens herausführen und euch aus ihrem Dienst erretten und euch erlösen (ga'al) mit ausgestrecktem Arm und durch gewaltige Gerichte.* (Ex 6,6) Oder wie dort, wo es um die Erlösung aus der Fremdherrschaft, aus dem Exil Babylons, geht: *Fürchte dich nicht, denn ich habe dich erlöst.* (Jes 43,1). Und es ist dasselbe Wort, mit dem der geschundene Hiob seinen Anwalt bezeichnet: *Ich aber weiss: Mein Erlöser lebt, und zuletzt wird er sich über dem Staub erheben.* (Hiob 19,25)

Diese jüdische Hoffnung sprechen die traurigen Jünger an, die nach der Hinrichtung Jesu auf dem Weg nach Emmaus sind (heutige Osterlesung), sagen sie doch: *Wir aber hofften, er sei es, der Israel erlösen werde.* (Lk 24, 21) Auch hier zielt Erlösung auf etwa sehr Konkretes, auf die Befreiung Galiläas von der Besatzungsmacht, dem römischen Imperium, das den Alltag des jüdischen Volkes bestimmt.

Mit dem Begriff *goel* ist Erlösung an einen sehr diesseitigen und konkreten Vorgang gebunden. Im Neuen Testament machen wir eine interessante Beobachtung: Bei Jesus kommt das Wort *Erlösung* kaum vor, ausser im Unser Vater: *Erlöse uns von dem Bösen.* Auch wenn Jesus darauf zu vertrauen scheint, dass nach dem Tod Leid und Schmerz geheilt sein werden, so ist auch seine Auffassung der Erlösung sehr irdisch. Der Kern seiner Botschaft ist die Umkehr des Menschen, das heisst, der Mensch muss seine Einstellung ändern, er soll in seinem Leben eine andere Richtung einschlagen. Erlösung ist bei Jesus darin zu suchen, dass er Menschen dahin führen kann, dass sie von ihren Zwängen und unheilvollen Lebensmustern erlöst werden, und dass er diejenigen, die am Rande der Gesellschaft stehen, wieder in die Mitte holt und sie vom sozialen Schattendasein erlöst. Auferstehung: das ist wesentlich dieser aufrechte Gang, zu dem Menschen in ihrem Leben neu finden können. Auferstehung, Ostern – das ist bei Jesus zu seinen Lebzeiten in all seinen Begegnungen bereits präsent. In seiner Liebe zu den Menschen hielt Jesus diese Haltung bis in seinen Tod aufrecht.

Eindrücklich führt uns dies das Schicksal des amerikanischen Topmanagers Eugene O'Kelly vor Augen. Er führte eine grosse, renommierte Wirtschaftsprüfungsgesellschaft. Er hat ein Buch über die Wende in seinem Leben geschrieben: *Auf der Jagd nach dem Tageslicht. Wie mit meinem bevor-*

stehenden Tod ein neues Leben begann.[5] O'Kelly war Chef von 20 000 Mitarbeitenden in einem Betrieb, der mehrere Milliarden Umsatz machte. Ein Erfolgsmensch wie viele andere. Er war davon angetrieben, seine Zukunft exakt zu planen und maximal viel Profit zu erreichen. Eines Tages stellte sich in seinem Gesicht eine leichte Lähmung ein. Erst nach der Geschäftsreise sucht der Topmanager den Arzt auf. Die Diagnose: Gehirntumor im fortgeschrittenen Stadium. Inoperabel und unheilbar. Die Diagnose wirft nun alles über den Haufen: Termine, Pläne und die Aussicht auf einen ruhigen Lebensabend. O'Kelly allerdings geht mit dieser Situation um, als sei sein Ableben ein weiteres Projekt. Er gibt seinen Job auf. Er organisiert seine Beerdigung und bricht die Chemotherapie ab, weil sie seinen Verstand beeinträchtigt. Er will alles bewusst angehen, als sei er nun Manager über seinen eigenen Tod. Aber schliesslich merkt er, dass gerade dies nicht mehr geht. Weil er nicht mehr alles im Griff hat, muss er loslassen und erkennt, dass er zu einer neuen Lebensqualität gelangt, wenn er nicht immer alles unter Kontrolle hat. Er lernt, vom Zukunftsdenken Abschied zu nehmen und den gegenwärtigen Augenblick zu leben und die Kontrolle über alles abzugeben. Das schlimme Schicksal ist Fluch und Segen zugleich. Angesichts des Todes wird er auch befreit von alten Mustern und Haltungen, die ihm eine neue innere Freiheit schenken, seiner tödlichen Krankheit zum Trotz.

Die Spurensuche nach erlöstem Leben hat sich als schwierig erwiesen. Doch zeigt die Geschichte der Noomi und ihrem Löser, zeigen all die Begegnungen Jesu, die in den Evangelien vorkommen, dass es um die Befreiung aus Strukturen geht, die den Menschen psychisch oder gesellschaftlich versklaven. So wie beim Topmanager O'Kelly und seiner Bindung an einen Glauben, nach dem man alles im Griff haben kann und Herr über die Zukunft sein könne. Oder wie bei Noomi und Rut, die aufgrund patriarchaler Gesetze, Regeln und Traditionen verarmen und ins gesellschaftliche Nichts abdriften. Erlöst sein heisst, dass der einzelne Mensch in Bezug auf sich selbst und in

Bezug auf andere Menschen und Lebewesen zu einem guten und heilen Verhältnis finden kann.

Wichtig aber ist auch: Erlösung kann nicht zum Befehl werden. Wir Menschen sind scheiternde Menschen. Und genau hier vermitteln uns die Ostergeschichten der Bibel vertrauensvoll: Wir sind schon erlöst, weil Jesus mit dieser Liebe zu uns scheiternden Menschen am Kreuz gestorben ist. Wir müssen Erlösung nicht von Grund auf neu erfinden. Es geht darum, uns dafür zu öffnen, welche Lebensmuster uns fesseln anstatt uns zu befreien. Es geht darum, das Herz, den Verstand oder die Augen zu öffnen, so wie es von den traurigen Emmausjüngern, die mit dem Auferstandenen auf dem Weg sind, berichtet wird. Sie erkennen Jesus, als er mit ihnen das Brot bricht. In diesem Moment ist er für sie nicht mehr sichtbar. Sie müssen nun den Weg selber gehen, ohne sich von der Angst und der Resignation, ohne sich vom Geschwätz der Leute und der Gewaltbereitschaft der römischen Besatzungsmacht erneut in Fesseln schlagen zu lassen.

8. April 2007, Ostermorgen

7. EINBÜRGERUNG

11 Und das ganze Volk, das im Tor war, und die Ältesten sagten: Ja, Zeugen! JHWH lasse die Frau, die in dein Haus kommt, wie Rahel und wie Lea werden, die beiden, die zusammen das Haus Israel gebaut haben. Sei fähig in Efrata, und rufe einen Namen aus in Betlehem! 12 Und dein Haus werde wie das Haus des Perez, den Tamar dem Juda gebar, durch die Nachkommenschaft, die dir JHWH von dieser jungen Frau geben wird. **Rut 4,11.12**

Zusätzliche Lesung: Lukas 10,25-37 (Der Barmherzige Samariter)

Immer wieder erhitzen in den verschiedensten Gemeinden Einbürgerungen von Ausländerinnen und Ausländern die Gemüter. Die Meinungen, ob und wie dies geschehen soll, klaffen weit auseinander, ebenso die Argumente, die in solchen Debatten angeführt werden. In diesen Debatten hört man immer wieder das Argument, dass aus gewissen Kulturkreisen stammende Bewerber/innen zu fremd für unser Volk und unsere Kultur seien, uns nicht nahe stünden oder dass sie sich nicht integrieren könnten.

Das provoziert mich zur Frage: Wer ist uns denn nahe? Oder mit den Worten des Schriftgelehrten aus dem Gleichnis des Barmherzigen Samariters gefragt: Wer ist denn mein Nächster, meine Nächste? Wen würden Sie als Ihre Nächsten betrachten, und bei welchen Menschen würden Sie eine Grenze ziehen?

Was wir in unserer Erzählung aus dem Buch Rut hier im Stadttor von Betlehem vor Zeugen erleben, ist zunächst nichts anderes als eine altisraelitische Einbürgerung einer Ausländerin. Rut, die aus dem berüchtigten Moab stammende Fremde, gehört nun zum Volk Israel. Sie selbst hat sich diesem Volk verschrieben, als sie mit ihrer judäischen Schwiegermutter auf dem Wege nach Betlehem gewesen ist. Hat sie ihr nicht geschworen: *Dein Volk ist mein Volk, dein Gott ist mein Gott . . .*?

Nun wird ihre Treue und Solidarität zu Noomi, der Judäerin, belohnt. Wir erinnern uns: Rut war es, die mit dem Armenrecht der Ähren-Nachlese sich und ihre verarmte Schwiegermutter über Wasser halten konnte. Sie war es, die auf den gewagten Plan eingestiegen ist, einem Verwandten Noomis, Boas, des Nachts auf der Tenne unter die Decke zu schlüpfen, um ihm buchstäblich nahe zu legen, dass er die beiden Frauen aus ihrer Armut, Unsicherheit und Zukunftslosigkeit erlösen könne, wenn er Rut heiraten würde. Auch wenn uns diese altorientalische Löser-Pflicht im Ganzen sehr fremd entgegen kommt, kann man auch einfach feststellen: Es war die einzige Chance für die beiden verarmten Frauen. Es ist kein Recht, sondern eine Regelung, die sie erzwingen müssen. Und: In der Nacht auf der Tenne unter der Decke des Boas riskierte Rut als Frau und als Ausländerin nicht nur ihren Ruf, sondern vielleicht auch Kopf und Kragen, da sie nach dem Gesetz immer noch als mit dem verstorbenen Ehemann Machlon verheiratet galt.

All dies wird jetzt gesegnet. Ihr Schwur bekommt nun die segensvolle Anerkennung, dass sie, die Moabiterin, nun zum Volk Israel gehört. Das klingt nach Happy End und man ist geneigt, hier das Buch zuzuklappen mit den Märchen-Worten: *und wenn sie nicht gestorben sind,. . .*

Doch halt! Wenn wir diese Passage in den Zusammenhang mit anderen Texten aus der Bibel stellen, dringt plötzlich eine ganze andere Bedeutung in unser Bewusstsein. Dazu muss ich ein wenig in der Geschichte ausholen:

In den Jahrzehnten nach dem babylonischen Exil wurde mit der Heimkehr der von den Babyloniern verschleppten Judäern unter der neuen persischen Herrschaft das Land Juda neu geordnet und organisiert. Die Rückkehrer/innen versuchten, ihre früheren Wohnplätze zurückzugewinnen. Natürlich waren diese inzwischen von denjenigen belegt, die im Lande zurückgeblieben waren oder auch von Fremden; jene dachten kaum daran, den Zurückkehrenden nach Jahrzehnten das Feld zu räumen. Unzählige Konflikte waren die Folge. Unter anderem sind hier die folgenden fremdenfeindlichen Aussagen einiger Bibeltexte einzugliedern. Im Buch Esra lesen wir:

Und als dies vollbracht war, traten die Obersten an mich heran und sagten: Das Volk Israel und die Priester und die Leviten haben sich nicht abgesondert von den Völkern der Länder mit ihren Abscheulichkeiten, von den Kanaanitern, den Hetitern, den Perissitern, den Jebusitern, den Ammonitern, den Moabitern, den Ägyptern und den Amoritern. Sondern sie haben sich von deren Töchtern Frauen genommen für sich und für ihre Söhne, und so hat sich der heilige Same mit den Völkern der Länder vermischt, und die Obersten und die Vorsteher gingen voran bei dieser Untreue. (Esra 9,1f.)

Aus dieser Bestandes-Aufnahme folgt ein Verbot für Mischehen mit ausländischen Frauen:

Und nun sollt ihr eure Töchter nicht ihren Söhnen geben, und ihre Töchter sollt ihr nicht für eure Söhne nehmen, und ihr dürft nie wieder ihren Frieden und ihr Wohl suchen, damit ihr stark werdet und das Gute des Landes geniesst und es euren Nachkommen zum Besitz gebt auf ewig. (Esra 9,12)

Im Buch Nehemia wird der Wunsch, sich von allem Fremden zu distanzieren, noch deutlicher ausgedrückt:

An jenem Tag wurde vor den Ohren des Volks aus dem Buch des Mose vorgelesen, und es fand sich darin geschrieben: Niemals darf ein Ammoniter oder Moabiter in die Versammlung Gottes kommen, denn sie sind den Israeliten nicht mit Brot und Wasser entgegengekommen, sondern haben Bileam gegen sie gedungen, damit er sie verfluche. Unser Gott aber hat den Fluch in Segen verwandelt. Und als sie die Weisung gehört hatten, sonderten sie alles Mischvolk von Israel ab. (. . .) In jenen Tagen sah ich auch die Judäer, die aschdoditische, ammonitische, moabitische Frauen heimgeführt hatten. Und die Hälfte ihrer Kinder redete aschdoditisch – und sie konnten nicht judäisch reden, sondern nur die Sprache dieses oder jenes Volks. Und ich stritt mit ihnen und verfluchte sie und schlug Männer von ihnen und raufte ihre Haare. Und ich beschwor sie bei Gott: Wenn ihr eure Töchter ihren Söhnen gebt oder Töchter von ihnen für eure Söhne oder für euch nehmt . . . ! Hat sich ih-

retwegen nicht schon Salomo, der König von Israel, versündigt? Und unter den vielen Nationen hat es keinen König gegeben wie ihn, und er war geliebt von seinem Gott, und Gott hat ihn zum König über ganz Israel gemacht. Auch ihn haben die fremdländischen Frauen zur Sünde verführt! (Nehemia 13, 1-3. 23-26)

Im Workshop zum Buch Rut, den ich durchgeführt habe, haben Teilnehmende auf die Esra -und Nehemiatexte entsprechend reagiert: *Das ist ja aktuell!* Oder: *Es ist genau wie heute! S*o lauteten einige erstaunte Reaktionen. Wie erstaunlich anders kommt uns nun die Geschichte aus dem Buch Rut entgegen, die wir, wie die Esra- und Nehemiatexte, ins 5. Jh. vor Christus ansiedeln können! Rut ist ja eine solch verpönte Moabitern, eine *Gräuel-Fremde*, gegen die solche Polemik gerichtet ist. Es fällt auf, wie monoton und beinahe penetrant im Buch Rut das Wort *Moabiterin* wiederholt wird. Das ist kein Zufall. Ganz deutlich nennt sich Rut auch gegenüber Boas *Ausländerin*, eine Bezeichnung im Hebräischen, die deutlich und hart in Abgrenzung zum Gegenüber ist. Was hier zwischen dem judäischen Boas und der moabitischen Rut entsteht, ist ja nichts anderes als eine Mischehe, eine Mischehe allerdings, die vom Volk gesegnet wird!

Das bedeutet: Das Buch Rut nimmt eine Gegenposition zu einer Abgrenzungshaltung gegenüber allem Fremden ein. Hier wird völlig unpolemisch die Geschichte einer Mischehe erzählt. Ist es eine Geschichte der Opposition? Ein solcher Vergleich zeigt uns nicht nur eine Konfliktsituation der damaligen Gesellschaft, sondern auch, wie verschieden sie betrachtet und angegangen wird. Es wird auch deutlich, dass die Bibel nicht eine geradlinige, einheitliche Meinung vertritt, sondern wir auch Schriften vor uns haben, die einander widersprechen oder verschiedene Haltungen und Lösungsansätze widerspiegeln.

Mit diesem Hintergrundwissen erkennen wir erst, wie geschickt das Buch Rut aufgebaut ist: Zunächst erzählt es ja, wie die Judäerin Noomi mit ihrer Familie nach Moab ziehen muss, also dort selbst zur Fremden wird. Die Söhne heiraten Moabiterinnen. Wir vernehmen nichts von Konflikten und Problemen in Moab. Vielmehr führt es vor Augen: Fremd sind alle überall, ausser im eigenen Lande. Und dann wird die Rückwärtsbewegung geschildert, nämlich wie die Moabiterin ins Land Juda zieht und dort zur Ausländerin wird, während Noomi, die Judäerin wieder Einheimische ist. Allerdings müssen wir sehr sorgfältig unterscheiden:

Das Buch Rut ist nicht einfach eine Geschichte, die von einer Fremden erzählt, die mit ihrer Kultur und ihrem Fremdsein ins Volk Israel integriert wird. Rut gibt – das wird bei ihrem Schwur sehr deutlich – ihre Kultur, ihr Volk und ihren Glauben auf. Dies sollten wir nicht übersehen. In der heutigen Ausdrucksweise würde man sagen: Sie integriert sich tadellos, indem sie alles aufgibt, was sie einst gewesen ist! Mit ihrer Treue aber zu der judäischen Noomi wird sie – zusammen mit Boas – zur Idealgestalt. So sollten alle aus dem Gottesvolk handeln, damit sie dieses Gottes würdig sind.

Moabiterinnen werden in der Bibel immer wieder als Beispiele für fremde, gräuelhafte Frauen genannt, die israelitische Männer verführen. Ob die Verführungsszene, also jene, wo Rut unter die Decke Boas‘ schlüpft, mit dieser verbreiteten Meinung erzählerisch spielt? Doch ist es gerade dort, wo Boas die Güte und Solidarität von Rut zu Noomi rühmt und ihr sein Hilfsversprechen gibt. Es gibt keinerlei diffamierenden Anklänge gegen die Ausländerin. Denn sie ist es, die Güte im Sinne des Gottesvolkes tut.

In einer Abdankung ist dies mir kürzlich deutlich geworden: Eine alte Schweizerin ist in ihrem Haus verstorben. Auf dem Formular des Bestattungsamtes fand ich als Kontaktadresse einen fremdländischen Namen. Ich kontaktierte diese Person und erfuhr, dass es sich um einen ausländischen Nachbarn handelte. Er hatte sich um diese Frau in den letzten Jahren gekümmert und nun auch deren Bestattung organisiert, während die eigenen Familienangehörigen sich hier nicht engagieren wollten oder konnten.

Mich hat diese Geschichte bewegt. Für einen kurzen Moment ist eine alltägliche, unspektakuläre Solidarität aufgeblitzt, die ein Licht auf problematische Seiten unserer Kultur zu werfen vermag. Familiäre und verwandtschaftliche Solidarität ist nicht ein Gut, auf das wir in unserer Kultur besonders stolz sein können. Selbst beim Dienst der letzten Ehre erkenne ich in meinem Beruf als Pfarrerin immer mehr solche Risse. Ich erlebe oft Situationen, in denen es darum geht, einen Angehörigen möglichst schnell beerdigen zu wollen und möglichst dafür nichts mehr aufwenden zu müssen, vor allem, wenn es nichts zu erben gibt.

Auch wenn wir die Sippenhaft anderer Volksangehöriger oft negativ vorgeführt bekommen, zum Beispiel in Form der Blutrache und des Ehrenmordes, die ja tatsächlich sehr viel Elend und Unrecht über Leute bringen, so sollten wir aber unseren Blick auch auf die andere Seite lenken, die es ebenso gibt: Fürsorge gegenüber den alten Eltern, Solidarität für ein in Not geratenes Sippenglied oder die selbstverständliche letzte Ehre beim Tod eines Angehörigen.

So wird also die Moabiterin Rut und die Ehe, die nun geschlossen werden wird, vom Volk gesegnet. Aber was für ein Segen!

JHWH lasse die Frau, die in dein Haus kommt, wie Rahel und wie Lea werden, die beiden, die zusammen das Haus Israel gebaut haben. (. . .) Und dein Haus werde wie das Haus des Perez, den Tamar dem Juda gebar . . .

Drei Frauennamen werden genannt. Für die Zuhörenden sind damit unweigerlich grosse Geschichten aus der Genesis verbunden, Geschichten von den Stammesmüttern Israels. Und auch das sind ungewöhnliche Geschichten. Die Geschichte von Tamar etwa, die wie Rut eine Ausländerin ist. Tamar muss sich ebenso das Recht des Levirats erkämpfen und kann sich erst durch ihre List schliesslich vom Schwiegervater ein Kind zeugen lassen. (Genesis 38). Auch die Geschichte von Lea und Rahel ist eine Erzählung, die vom Ringen um Liebe und Nachkommen handelt.

Mit diesen Stammesmüttern wird Rut im Segen des Volkes gleichgeschaltet. Sie soll wie diese Frauen werden. Mehr an Ehre kann ihr kaum zuteilwerden! Ihre Geschichte ist nun keine individuelle Geschichte mehr. Sie ist eingebettet in das grosse Ganze einer Volksgeschichte. Sie, die Fremde, spielt eine Rolle in der Geschichte dieses Volkes. Nicht ihre Herkunft aus Moab, nicht ihre Hautfarbe und ihre Sprache ist es, die bewertet wird, sondern ihr fähiges Handeln, ihre Nächstenliebe, die sie zur Idealgestalt macht.

Geschichten, in denen Fremde und Unbekannte unerwartet zu unseren Nächsten, zu unseren Helferinnen werden, sind Geschichten, die auch in unserem Leben verwirren, weil sie unser Denk- und Glaubenssystem durchkreuzen. In diesem Sinne erzählte es uns auch Jesus im Gleichnis des Barmherzigen Samariters, das wir in der ersten Lesung gehört haben. Samaria war seit der Machtübernahme durch Assyrien ein israelitisch-heidnisches Mischvolk mit einem eigenen Heiligtum und unterschied sich von den Juden, die ihren Kult im Jerusalemer Tempel ausübten. In deren Augen galten die Leute von Samaria daher als unrein. Im Johannesevangelium wird Jesus gar vorgeworfen:

Die Juden entgegneten ihm: Sagen wir nicht zu Recht, dass du ein Samaritaner bist und einen Dämon hast? (Joh 8,48)

Einen solchen Samariter stellt Jesus im Gleichnis als den Menschen dar, der das Richtige tut und für den Verletzten zum Nächsten wird, im Gegensatz zu den Vertretern des Tempels, die an dem Verwundeten vorübereilen. Wer ist also mein Nächster, meine Nächste? So habe ich eingangs gefragt. Ob ich die Erzählung vom Mann aus Samaria nehme, der dem Verletzten zu Hilfe kommt, ob ich solche Geschichten in Erinnerung rufe wie die vom ausländischen Nachbarn, der die Schweizerin aus Respekt vor alten Menschen betreut, oder ob ich unsere Rutgeschichte erzähle: Es sind Erzählungen, die unser Denk- und Glaubenssystem durchkreuzen und herausfordern.

Wer ist meine Nächste? Mein Nächster? Diese Erzählungen weiten unseren Blick und können uns Anregung sein, über diese Fragen neu nachzudenken.

Mit dem Segen des Volkes wird auch Ruts fähiges und gütiges Handeln gesegnet und damit in Gottes Weg mit den Menschen eingeschlossen. Knapp und zutreffend hat es ein berühmter Rabbi formuliert:

Rabbi Elieser sagte: Boas tat das seinige, Ruth das ihrige und Naemi tat auch das ihrige, so will ich, sprach Gott, auch das meinige tun.[6]

Diesen fast lapidar anmutenden Satz mit dem darunter liegenden Tiefsinn gebe ich Ihnen heute mit auf den Weg.

6. Mai 2007

8. MEHR WERT ALS SIEBEN SÖHNE

13 Und Boas nahm Rut, und sie wurde seine Frau. Und er ging zu ihr, und JHWH liess sie schwanger werden, und sie gebar einen Sohn. 14 Und die Frauen sprachen zu Noomi: Gelobt sei JHWH, der es dir heute an einem Löser nicht hat fehlen lassen. Und sein Name soll ausgerufen werden in Israel.15 Und er ist für dich derjenige, der dir deinen Lebensgeist zurückkehren lässt und im Alter für dich sorgen wird. Denn deine Schwiegertochter, die dich liebt, hat ihn geboren, sie, die für dich mehr wert ist als sieben Söhne.

16 Und Noomi nahm das Kind und hob es auf ihren Schoss und wurde seine Pflegemutter. 17 Und die Nachbarinnen gaben ihm einen Namen und sagten: Der Noomi wurde ein Sohn geboren. Und sie nannten ihn Obed (*einer, der dient*). Er ist der Vater von Isai, dem Vater von David.

18 Und dies sind die Nachkommen des Perez: Perez zeugte Chezron, 19 und Chezron zeugte Ram, und Ram zeugte Amminadab, 20 und Amminadab zeugte Nachschon, und Nachschon zeugte Salma, 21 und Salmon zeugte Boas, und Boas zeugte Obed, 22 und Obed zeugte Isai, und Isai zeugte David. **Rut 4,13-22**

Zusätzliche Bibellesung: 1. Korinther 12,3b-7.12-13 (Die Geistgaben)

Gruppenbild mit Boas und Rut, die ihr Baby Obed im Arm hält: Als Liebesgeschichte zwischen Mann und Frau, die in einem Kind ganz erfüllt wird – so wird das Buch Rut hin und wieder dargestellt. Doch das drückt eher die gesellschaftlichen Prägungen der Verfasser aus, als dass es dem Buch Rut gerecht würde. Denn der Schluss des Buches Rut erzählt etwas anderes als das Happy End einer Paargeschichte zwischen Mann und Frau. Der jüdische Künstler Simeon Solomon hat hingegen sehr genau hingesehen. Er lebte von 1840 bis 1905. Im Londoner Stadtteil Bishopgate wurde er als jüngstes von acht Kindern in eine orthodoxe jüdische Familie hineingeboren. Er hat mehrere Bilder mit Rut, Noomi und Obed gezeichnet oder gemalt (Abb. 3). Seine Gruppenbilder stellen uns den Schluss des Buches Ruts anschaulich dar.

Wir sehen sitzend Rut, die Moabiterin. Die Ohrringe Ruts weisen möglicherweise darauf hin, dass sie Ausländerin ist. Hinter ihr steht die alte Schwiegermutter Noomi. Der linke Arm der Noomi hält das ersehnte Kind, das den beiden Frauen Leben und Zukunft in einem umfassenden Sinn gibt; die rechte Hand hält – segnend, liebkosend, beschützend? – den Kopf ihrer Schwiegertochter Rut, welche ergriffen mit ihrer Hand in Richtung ihres Herzens fasst. Fast scheint es, als würde sie sagen: Ist dies mir wirklich geschehen?

Denn deine Schwiegertochter, die dich geliebt hat, hat ihn geboren, sie, die dir mehr wert ist als sieben Söhne. So reden die Nachbarinnen im biblischen Text. Die liebevolle Haltung der Noomi auf dem Bild gibt der fremdländischen Schwiegertochter das entsprechende Gewicht. Der Blick der beiden Frauen scheint zunächst auf das Kind gerichtet, doch ist der Blick der Noomi gesenkt, fast in Rut hinein gesenkt, während der Blick Ruts etwas versonnen in die Zukunft gerichtet scheint und zugleich in sich gekehrt wirkt.

Und Noomi nahm das Kind und hob es auf ihren Schoss und wurde seine Pflegemutter. Und die Nachbarinnen gaben ihm einen Namen und sagten: Der Noomi wurde ein Sohn geboren. (Rut 4,16f.)

Wie auffällig: Es ist Rut, welche das Kind geboren hat, das sie mit Boas gezeugt hat. Doch in der Erzählung erscheint Noomi an der Stelle des Vaters. Hier ist etwas anders, als wir es vielleicht erwarten würden. Die Rollen sind anders definiert. Wir verstehen es von der ganzen Erzählung her besser, in der es darum geht, der verwitweten und kinderlosen Noomi wieder Leben zu ermöglichen. Es ist das Kind, das der alten Frau wieder Anteil gibt an der Geschichte Israels, an der Geschichte des Volkes mit Gott. Obed ist auch ihr Sohn und tritt nun an die Stelle der verstorbenen Söhne. Boas ist zwar dargestellt als Prototyp des fähigen und gütigen Mannes, aber Ruts Heirat mit Boas hat lediglich den Zweck, dass die Frauen aus ihrer sozialen Isolation und Armut herauskommen und wieder eine Zukunft haben. Wie uns der

Schluss erzählt und das Bild von Solomon auch eindrücklich vor Augen führt, ist das Buch Rut kein Plädoyer für die Kleinfamilie nach westlichem Ideal. Bei Solomons Bildern ist eine weisse Lilie zu sehen. Sie ist ein altes und weitverbreitetes Licht-Symbol und auch ein uraltes Königs-Symbol. Hört nicht der Stammbaum des Sohnes von Rut auf mit dem Satz: *Isai zeugte David*? David aber ist der grosse König David.

Die Dreiergruppe Noomi-Rut-Obed erinnert übrigens an eine andere Dreiergruppe aus der christlichen Kunst: *Anna selbstdritt* heissen jene künstlerischen Darstellungen, auf denen Maria, das Jesuskind und Anna, Marias Mutter, dargestellt sind. Noomi, Rut und der neugeborene Obed – mit diesem Bild könnte ein Theater über das Buch Rut zu Ende gehen. Es ist ein Happy End – ja, aber worin besteht das Happy End? Und welche Relevanz hat es für uns heute?

Das soziale Schicksal der beiden Frauen wird auch im Schicksal vieler *Noomis und Ruts* von heute gespiegelt: Weniger als zehn Prozent des gesamten Reichtums der Weltbevölkerung gehört den Frauen – in diesem Zusammenhang stellt sich an uns zunächst die dringende Frage, was wir als Gesellschaft und als Einzelne für *Noomis und Ruts* von heute tun können. Doch das Buch Rut als ganze Erzählung macht uns noch auf etwas anderes aufmerksam: Mit Katastrophen und Sensationen machen Medien ihr grosses Geschäft. Mit Menschen jedoch, die unspektakulär Gutes tun, macht man offenbar kein Geld. Das lässt sich allenfalls noch als sentimentalen Kitsch verkaufen. Hier ist uns das Buch Rut eine wahre Hilfe, weil es zwar eine Erzählung über die Güte ist, aber weit weg von Kitsch und Sentimentalität. Sie fordert gerade deshalb heraus, sehr genau zu lesen, gerade am Schluss. Wie aber drückt man Güte unkitschig aus?

Elisabeth Eidenbenz, Lehrerin und Krankenschwester aus der Schweiz, rettete von 1939 bis 1944 in ihrer Geburtenklinik in Südfrankreich Mütter und Kinder vor dem Tod; Mütter, die aus dem benachbarten Spanien vor den Bombenangriffen der Franco-Truppen flohen, fanden in der Klinik Aufnahme.

Fast 600 Kinder wurden dort geboren. Elisabeth Eidenbenz wurde vom spanischen Königshaus geehrt. 2002 verlieh ihr Israel den Ehrentitel *Gerechte unter den Völkern.* Die offizielle Schweiz nahm übrigens lange Zeit keine Notiz von dieser Frau, wie auch nicht von andern mutigen Flüchtlingshelferinnen. Das wird damit zu tun haben, dass damals namhafte Schweizer Politiker mit dem Franco-Regime sympathisiert haben. In einem Interview antwortet die *Gerechte unter den Völkern* auf die Frage, ob sie stolz sei: *Was heisst stolz? Es war schön und eindrücklich. Die Anerkennung tut gut, aber ich habe es ja nicht deswegen gemacht.* Warum hat sie es getan? Sie überlegt lange und sagt dann: *Es ist etwas Schönes, wenn man gebraucht wird.* [7] In einem anderen Interview meint Elisabeth Eidenbenz: *Ich habe einfach getan, was getan werden musste.*[8] Würdevoller und unsentimentaler kann man es kaum ausdrücken.

Tun, was getan werden muss: Von diesem Geist ist das Buch Rut durchweht. Rut ist aus dem Holz einer Gerechten im Sinne des Gottesvolkes geschnitzt. Hier arbeiten Frauen an ihrer eigenen Rettung und nehmen im Rahmen ihrer Möglichkeiten das Heft selber in die Hand, unabhängig von den negativen Konsequenzen, die sich ergeben könnten. Sie greifen ein in die Tradition und verändern sie. Am Schluss ist Lebensfülle, mehr Segen für alle da. Es ist wie die wunderbare Brotvermehrung bei Jesus. Aus der geteilten Güte werden alle satt.

Die Treue von Rut, der *Freundin*, wie ihr Name bedeutet, wird vom Volk im Stadttor und von den Nachbarinnen am Wochenbett erkannt und gewürdigt. Alle Menschen in der Geschichte handeln nach ihrem Vermögen und ihren Fähigkeiten – innerhalb der bestehenden der Regeln der Gesellschaft.

Haben wir nicht Ähnliches aus der Pfingstlesung aus dem Korintherbrief vernommen? Dort beschreibt Paulus, wie die Menschen verschiedene Fähigkeiten haben, so wie ein Körper aus verschiedenen Funktionen besteht, die alle ihre Wichtigkeit haben.

Das Wirken der Kräfte ist verschieden, Gott jedoch ist derselbe, der alles in allen wirkt. (1 Kor 12, 6)

Es spielt daher keine Rolle, welche Fähigkeiten wir haben. Wichtig ist lediglich, dass sie letztlich im Dienst stehen, gelingendes, geheiltes Leben zu erzeugen – für sich und andere. Eine Kirchgemeinde baut sich ja gerade auf all diesen Fähigkeiten auf; es braucht die ganze Palette von Talenten. Nehmen wir nur den kleinen Ausschnitt eines Gottesdienstes: Sie, liebe Anwesende kommen zum Beispiel in der Hoffnung, dass da jemand predigt, der Ihnen die Bibel verständlich auslegen und die Texte in unser Leben einbetten kann. Und da gibt es die Musik der Organisten und Organistinnen, die andere Kanäle anspricht; es gibt den gut gebrauten Kaffee am Kirchenkaffee und den Sigristen (Messmer), der mit aller Umsicht und mit technischen Kenntnissen zum Gottesdienst beiträgt. Und Sie als Gemeindeglieder und Mitfeiernde bringen das Ihre mit. Ein Gottesdienst ist ein kleines Abbild davon, wie Menschen zusammen wirken können. Das könnte aber auch einen ganz unbeseelten Ablauf ergeben. Von Gottes Geist durchweht ist, wenn alle, die mitwirken, nicht nur um sich selbst kreisen und lediglich das Eigene zum Ausdruck bringen wollen, sondern sich in den Dienst eines grösseren Ganzen stellen. Erst dann ist es ein Leib, eine Einheit. Paulus weitet die Grenzen dieser Einheit aus:

Denn durch einen Geist wurden wir ja alle in einen Leib hineingetauft, ob Juden oder Griechen, ob Sklaven oder Freie; und alle wurden wir getränkt mit einem Geist. (1 Kor 12,13)

Paulus sagt hier, dass nicht die Zugehörigkeit zu einem Volk oder der soziale Status eine Rolle spiele, sondern aus wessen Geist jemand lebe und handle.

Die Personen im Buch Rut handeln im Geiste Gottes: Boas hat als Mann und Besitzender einen wesentlich andern Status als die beiden besitzlosen Frauen. Rut ist eine Moabiterin, eine Ausländerin, die aber durch ihre Treue und Güte als Idealgestalt für jeden jüdischen Menschen dargestellt wird. Boas, Noomi, Rut, alle drei handeln aus demselben göttlichen, heiligen, heilenden Geist heraus. *Dein Gott ist mein Gott,* so hat Rut Noomi geschworen. Daher wird das Buch Rut im Judentum auch als Erzählung der idealen Konvertitin gepriesen. Ich denke aber, dass hier der Religionswechsel nicht zentral ist, sondern aus wessen Geist heraus Rut handelt. Dies wird auch deutlich im Namen des Kindes, denn die Namen sind, wie wir bereits wissen, heimlicher Leitfaden des Buches Rut. Obed heisst das Kind, *einer der dient.* Er konnte geboren werden aus dem gütigen Zusammenspiel dreier Menschen, die sich in den Dienst des je andern gestellt haben.

Diese Ausrichtung führt zum glücklichen Ende, ohne schwülstig und banal zu sein. Denn die Kritik ist bei genauem Hinsehen unübersehbar: Es ist eine Kritik an der patriarchalen Gesellschaft, die es trotz aller Regelungen nicht schafft, den beiden Frauen Leben zu ermöglichen, bis diese es sich selber erkämpfen.

Die Nachbarinnen preisen Rut als eine, die für Noomi mehr wert ist als sieben Söhne. In einer Kultur, wo die Söhne viel mehr zählen als die Töchter, sticht dies ins Auge. Sieben, das heisst Vollkommenheit. Anders gesagt: Rut ist der Noomi EIN und ALLES, sie ist Leben, Lebensbringerin.

Und noch eine weitere Auffälligkeit: Die Nachbarinnen geben dem Kind den Namen, obwohl die Bibel uns mehrheitlich überliefert, dass der Vater dem Kind den Namen gibt. Das zeigt uns der Schluss mit der Zeugungsreihe, die bei David endet, besonders frappant. Hier findet keine Frau, keine Mutter, keine Rut mehr Erwähnung. Die Frauen sind aus der Ahnenreihe gelöscht, nur das Männliche zählt. Da wir nun die Geschichte der Rut kennen, schreit uns diese Ungerechtigkeit *buchstäblich* an. Doch das ist der Normalfall: Frauen werden in der Bibel in Zeugungsreihen nicht genannt; Frauen sind namenlos, es sei denn, sie hätten ganz grosse Geschichte mitgeschrieben.

Gerade deshalb ist das Buch Rut eine Geschichte, die aus einer andern Perspektive erzählt wird: Von denjenigen, die in der Geschichte verschwiegen werden. Hier werden die in der Geschichte oft unsichtbaren Frauen zu den Hauptakteurinnen, die von Gottes gutem, heiligem Geist gelenkt sind. Das Buch Rut ist deshalb auch sozialkritisch. Und nun wird nicht mehr Boas als *Löser* bezeichnet, sondern das Kind.

Gelobt sei JHWH, der es dir heute an einem Löser nicht hat fehlen lassen. Und sein Name soll ausgerufen werden in Israel. Und er ist für dich derjenige, der dir deinen Lebensgeist zurückkehren lässt und im Alter für dich sorgen wird. Denn deine Schwiegertochter, die dich liebt, hat ihn geboren, sie, die für dich mehr wert ist als sieben Söhne. (Rut 4,14f.)

Das Kind ist der Löser, der Erlöser ihrer Not, der Erlöser aus ihrem sozialen Tod. Ich kann es trotz aller Würdigung von Boas nicht anders sagen, als dass die Freundschaft zweier Frauen in Obed, dem Kind, dem Löser, Fleisch geworden ist!

Das Buch Rut ist so bedeutungsvoll, dass sie der Evangelist Matthäus in die Jesusgeschichte eingewoben hat und zwar, indem Rut im Stammbaum von Jesus erwähnt wird, gerade unmittelbar vor der Weihnachtsgeschichte. Der Messias-König steht am Ende dieser Linie. Es ist das Kind Ruts, das diese Linie weiterführt Mit der Nennung ihres Namens soll die Geschichte einen Brückenschlag zum Menschen Jesus schlagen, der *nicht gekommen ist, um sich dienen zu lassen, sondern um zu dienen und sein Leben hinzugeben als Lösegeld für viele.* (Mt 20,28)

So können wir gerade durch eine alttestamentliche Geschichte den bewegten und kraftvollen Geist von Pfingsten besonders gut begreifen, ein Geist, der nicht unseren Pfaden entlang saust, sondern sich schalkhaft stets neue Wege bahnt.

27. Mai 2007 Pfingsten

Abb. 3 Zeichnung von Alejandra Pinggera, nach einem Gemälde von Simeon Solomon (1840-1905): *Ruth, Naomi and the child Obed*

ZWEITER TEIL:

PREDIGTEN ZU ANDEREN HUNGERGESCHICHTEN

IM ALTEN UND NEUEN TESTAMENT

1. HUNGERLOCH

17 1 Und Elija, der Tischbiter aus Tischbe im Gilead, sprach zu Achab: So wahr GOTT*,
der Gott Israels, lebt, vor dem ich diene: In diesen Jahren wird kein Tau fallen und kein
Regen, es sei denn auf meinen Befehl! 2 Und das Wort GOTTES* erging an ihn:

3 Geh fort von hier und wende dich nach Osten. Halte dich verborgen am Bach Kerit,
der jenseits des Jordan fliesst.4 Und aus dem Bach kannst du trinken, und den Raben habe ich geboten, dich dort zu versorgen.5 Und er ging und handelte nach dem Wort GOT-
TES*. Er ging und blieb am Bach Kerit, der jenseits des Jordan fliesst.6 Und die Raben
brachten ihm am Morgen Brot und Fleisch und auch am Abend Brot und Fleisch, und aus
dem Bach trank er.7 Nach einiger Zeit aber trocknete der Bach aus, denn es fiel kein Regen im Land.8 Da erging an ihn das Wort GOTTES*:

9 Mach dich auf, geh nach Zarefat, das zu Sidon gehört, und bleibe dort. Sieh, einer
Witwe dort habe ich geboten, dich zu versorgen. 10 Und er machte sich auf und ging nach
Zarefat. Und als er an den Eingang der Stadt kam, sieh, da sammelte dort eine Witwe
Holz. Und er rief ihr zu und sagte: Hole mir doch einen Krug mit etwas Wasser, damit ich
trinken kann! 11 Und sie ging, um es zu holen, und er rief ihr nach und sagte: Hole mir
doch auch einen Bissen Brot.12 Sie aber sagte: So wahr GOTT*, dein Gott, lebt, ich habe
nichts vorrätig, ausser einer Handvoll Mehl im Krug und ein wenig Öl im Krug. Und sieh,
ich bin dabei, zwei, drei Stücke Holz zu sammeln; dann werde ich gehen und für mich und
für meinen Sohn zubereiten, was noch da ist, und wir werden es essen, dann aber müssen wir sterben.13 Da sagte Elija zu ihr: Fürchte dich nicht. Geh, tu, wie du es gesagt hast;
doch bereite davon zuerst einen kleinen Brotfladen für mich zu und bringe ihn mir heraus;
für dich aber und für deinen Sohn kannst du danach etwas zubereiten.14 Denn so spricht
GOTT*, der Gott Israels:

Das Mehl im Krug
wird nicht ausgehen,
und der Ölkrug

wird nicht leer werden,
bis zu dem Tag, an dem GOTT*
dem Erdboden Regen gibt.

15 Da ging sie und handelte nach dem Wort Elijas, und sie hatten zu essen, sie und er
und ihr Haus, tagelang.16 Das Mehl im Krug ging nicht aus, und der Ölkrug wurde nicht
leer, nach dem Wort GOTTES*, das dieser durch Elija gesprochen hatte. **1 Könige 17,1-16**

Unbemerkt war seine Frau hereingekommen, die Hände reibend hatte sie sich hinter den Stoss der unkorrigierten Hefte gestellt.
Sie wisse nicht, was kochen.
Wie immer, wenn sie dem Weinen nahe war, flatterten ihre Augenlider.
Kartoffeln, murmelte er abwesend.
Die faulten, sagte sie. Von den besseren hätten sie im Keller höchstens noch fünfzehn Kilo. Zudem sollte sie noch welche als Saatkartoffeln übrig lassen.
Dann also Mais . . .
Das schoss Zornesröte in ihre Wangen. Der Türken sei, seit der schlechten Kartoffelernten, im Preis gestiegen, sagte sie heftig. Geld habe sie keines mehr in der Schublade und anschreiben zu lassen gehöre sich nicht, habe er selbst gesagt. [9]

Diese Textpassage stammt aus *Ibicaba* von Eveline Hasler. In diesem Roman rollt die Schriftstellerin ein Schicksal aus der Armutsgeschichte der Schweiz auf. Zwischen 1840 und 1860 erreichte in der Schweiz, in ländlichen wie in städtischen Gebieten, die Massenarmut ihren Höhepunkt. Im Roman entfaltet die Autorin die wahre Geschichte des Graubündner Dorfes Untervaz.

Es ist die Frau des Dorflehrers Thomas Davatz, die so verzweifelt an ihren Mann herantritt. Die beiden gehören immerhin noch zu den verdienenden Menschen des Dorfes. Und doch nagen auch sie am Hungertuch wie unzählige andere Menschen in Schweizer Dörfern und Städten. Schuld daran ist einerseits die zunehmende Konkurrenz in der frühen Industrie, anderseits sind es Naturkatastrophen, strenge Winter und die Weigerung der Wohlhabenden, von ihren Privilegien abzugeben und Einrichtungen wie gemeinnütziges Land zuzulassen, um das Gefälle zu den Armen auszugleichen.

Wie kurzlebig ist doch unser geschichtliches Gedächtnis! Das Graubündner Dorf Untervaz stellte aus lauter Armut eine grosse Anzahl sogenannter Schwabengänger. Das waren Knaben und Mädchen im Schulalter, welche ins Schwabenland wanderten und dort für ein paar neue Schuhe und neue Kleidung ein halbes Jahr lang auf einem Bauernhof arbeiteten.

Auch ein Blick in den Esstopf der Armen ist aufschlussreich: Da wurden beispielsweise gedörrte Kartoffelschalen mit zermahlten Knochen, Blut und braunem Heu zu einer Suppe gekocht. Auch Hunde und Katzen dienten als willkommene Leckerbissen. Die Armut in Untervaz war Mitte des 19. Jahrhundert so gross, dass die Gemeinde, wie auch etliche andere, aus Not eine grössere Auswanderung nach Brasilien organisieren musste und den Auswanderungswilligen dazu einen Vorschuss gewährte. Das im Original erhaltene Tagebuch des Dorflehrers Thomas Davatz erzählt das schwierige Leben dieser Auswanderer, die bei den Kolonialherren teilweise in eine Art Schuldsklaventum gerieten. Diese Geschichte wird im Roman von Eveline Hasler entfaltet. Es ist eine Periode in der Geschichte der Schweiz, wo leere Töpfe, Hunger und Not, Auswanderung und Arbeitsdienst im Ausland alltäglich gewesen sind.

Gegenwärtig werden wir mit der enormen Armutsgeschichte von Haiti konfrontiert. Die verheerende Naturkatastrophe hat hier ein Loch in den Nebel der Vergessenheit gerissen und der Welt den Blick auf eine lange Armutsgeschichte freigegeben, die mit Sklaverei, korrupter Politik, Bürgerkrieg und vielen andern Faktoren zu tun hat.

Diese traurige Aktualität ist der Dramatik unserer biblischen Geschichte von der Witwe aus Zarefat, die wir als Lesung gehört haben, sehr nahe: Der alttestamentliche Prophet Elia begegnet einer Witwe, die zum letzten Mal ein bisschen Holz sammeln geht, um mit dem letzten Mehl und Öl für sich und ihr

Kind einen Brotfladen zu backen, um sich danach zum Sterben hinzulegen. Mit andern Worten: Es ist ihre und ihres Sohnes Henkersmahlzeit, ihr letzter Bissen, bevor sie sozusagen *ins Gras beissen*, das wegen einer Trockenperiode gar nicht mehr vorhanden ist. Wir haben aber auch das Ende der Geschichte vernommen, das vom Wunder erzählt, dass Mehl und Öl in diesem Haus nie mehr ausgehen werden! Dieses Motiv vom nie versiegenden Topf finden wir öfters in Märchen und Legenden. Die Geschichte der Witwe von Zarefat ist in der Tat eine Legende, die märchenhafte Züge trägt. Die prominente Gestalt darin ist der Prophet Elia. Der Prophet Elia ist politisch verfolgt. Isebel, die Königin Israels, will den Gottesmann beseitigen. Die Dürrezeit holt ihn auch auf der Flucht ein. Am Bach Kerit wird er von Raben mit Fleisch und Brot versorgt, bis auch der Bach austrocknet und er weiterziehen muss. So begibt er sich auf den Boden Sidons, wo man den Gott Baal verehrt, denjenigen Gott, dessen Kult die verschwenderische Isebel in Israel fördert und gegen JHWH, den Gott Israels, einsetzt. Die Dürrezeit trifft die Armen am härtesten, so wie diese Witwe. Doch auch Elia ist am Ende. Er verlangt nun das Unglaubliche: den letzten Bissen der Witwe! Da schlucken wir leer. Wie kann man jemandem die Henkersmahlzeit abspenstig machen wollen!

Das menschlich Unerwartete – das Wunderhafte – ist nun, dass die, die nichts hat, gibt. Was würden wir erwarten? Bloss ein trauriges Abwinken oder ein Kampf bis aufs Blut ums Allerletzte, weil am Bissen Brot doch noch ein wenig Leben hängt? Die Geschichte von der Witwe entspricht keineswegs dem, was zu erwarten wäre. Diese Verblüffung gilt es als erstes zu bewahren.

Nun ist die Witwe nicht eine aus Israel, dem Volke Elias, sondern eine Fremde, eine Andersgläubige. In Zarefat gehört sie wohl der Religion des Baal an. Mit ihrem Handeln steht sie damit in Kontrast zu Isebel, der sidonischen Prinzessin und israelitischen Königin, welche nimmt und tötet, anstatt für das Leben ihres Volkes und für die Bedürftigen zu sorgen. Doch die Witwe – die Fremde und Andersgläubige – wird als eine Frau dargestellt, welche im tiefsten Sinne den Gott Israels versteht, wenn sie sich mit dem notleidenden Elia verbündet. Indem sie den letzten Bissen mit Elia teilt, drückt sie eine Art Bekenntnis mitten in der Not aus: vor den leeren Töpfen und angesichts des Todes. Kommt damit nicht zum Ausdruck, dass Gott trotzdem ein *Gott-mit-uns* ist, ein Gott der Geringsten, ein Gott der verfolgten Gerechten, ein Gott der Witwen und Waisen?

Man darf das auf keinen Fall sarkastisch verstehen. Die ganze Erzählung ist ein Bekenntnis gegen die Mächtigen, die bloss ihre eigenen Töpfe füllen, gegen die *Baalspriester*, die religiösen Führer aller Zeiten, denen das Hungern des Volkes einerlei ist. Die Witwe gibt das Allerletzte her und bezeugt, wofür ein wirklich lebendiger Gott, unabhängig von der Religionszugehörigkeit, steht: Dass die Bedürftigen und Ärmsten dieser Welt leben können. Symbolhaft stehen die unerschöpflichen Mehltöpfe für den Glauben an einen Gott, der im Leben der Menschen konkret spürbar wird. Die Töpfe werden fortan immer voll sein, bis die Dürrezeit ein Ende hat und der Boden wieder trägt. Solche Geschichten haben ihren Sinn darin, dass sie unser Denken umwenden wollen. Sie stellen in Frage, was wir als sogenannt *normal* zu betrachten pflegen.

Ein Beispiel: Wir produzieren wirtschaftliche Überschüsse. Tonnenweise werden in dieser Welt einwandfreie Lebensmittel vernichtet. Als Erklärung hören wir die Litanei: Das sind halt die Gesetze der Wirtschaft, die gelte es zu respektieren. Wir sind Gläubige solcher vermeintlich unumstösslicher Gesetzmässigkeiten geworden. Diese Glaubenssätze werden uns so lange eingehämmert, bis wir sie für wahr halten.

Es ist wie mit dem Märchen vom eitlen Kaiser und seinen neuen Kleidern. Betrüger machen ihm glauben, dass sie für ihn ein wunderbares Material weben würden. Wer aber keinen Stoff sehe, so fügen sie hinzu, offenbare, dass er in seinem Amt im Dienst des Kaisers unfähig sei. Dies erscheint dem Kaiser nützlich. Die Betrüger simulieren die Herstellung der vermeintlich wunderbaren Gewänder. Und weil keiner im Hofstaat unfähig sein will, bezeugen alle, wie schön die Gewänder seien. In der Parade, wo der Kaiser mit dem Kleid einherschreitet, spricht ein Kind aus: *Aber er hat ja gar nichts an!* Das Kind spricht aus, was es sieht und nicht, was man ihm eingetrichtert hat. Wir haben diesen unverstellten Blick verloren. Bezogen auf das vorhergehende Beispiel aus der Wirtschaft, müsste man mit einem unverstellten Blick als erstes sagen: Es kann nicht normal sein, dass tonnenweise Lebensmittel vernichtet werden müssen, damit ein Wirtschaftssystem *gesund* bleibt! Vielmehr: Es stimmt etwas nicht mit dem System. Wir müssen vermehrt wagen, so wie dieses Kind im Märchen zu reagieren und uns den unverstellten Blick nicht nehmen zu lassen, auch wenn wir Gefahr laufen, dass uns vorgeworfen wird, dass wir nichts von wirtschaftlichen Zusammenhängen verstehen würden. Ich weigere mich jedenfalls, es für normal zu halten, dass in der westlichen Welt übervolle Töpfe vernichtet werden, wenn andere Töpfe in dieser Welt leer bleiben.

Paradoxe Geschichten wie jene von der Witwe geben dem Zweifel Raum. Sie lehren uns, an eine neue menschliche Möglichkeit zu glauben, die vor allem zuerst für jene da ist, die nichts haben.

Ich habe bisher von der Nahrung gesprochen, die den Bauch füllt und physisches Leben schenkt. Aber wir können das Ganze auch auf einer zwischenmenschlichen Ebene betrachten. Bedenken Sie: Es ist nicht allein der reale Hunger, die Nahrungsknappheit, die Menschen zu Feinden des anderen werden lässt. Auch der Neid, die Missgunst und die Marktkonkurrenz halten die Spirale vom Fressen und Gefressenwerden in Bewegung. Auch Kirchgemeinden sind nicht davor gefeit. Sind wir fähig, uns an den vollen Töpfen der andern zu freuen, also etwa am Erfolg, am Glück etc. anderer? Und ich meine wirklich: ohne dass wir daran Anteil haben und davon in irgendeiner Weise profitieren können. Fast sprichwörtlich geworden ist der nachbarliche Wettstreit. Wer hat die schöneren Rosen im Garten, das teurere Auto in der Garage, das letzte Grillmodell, den ausgefallensten Briefkasten? Jede soziale Gemeinschaft hat ihre eigenen Konkurrenzkämpfe: Wer trägt die angesagteste Mode, wer die *coolsten* Turnschuhe? Wer hat das faltenloseste Gesicht, wer den Prestigejob? Welche Mutter ist immer zuhause? Welche politische Partei hat schon immer alles vorausgesagt? In autoritären Glaubensgruppierungen geht es vielleicht um folgende Frage: Wer lebt das reinste, sündenloseste Leben?

Die Haltung der Witwe von Zarefat ist weit weg von dieser Haltung. Sie gibt einfach das Allerletzte, was sie hat. Vielleicht gibt es ihr noch etwas Würde, weil sie überhaupt noch etwas zu geben vermag und damit in der Not noch etwas Menschlichkeit herstellt. Das Allerletzte zu verschenken ist eine Tat gegen das Fressen und Gefressenwerden. So lädt uns die Geschichte der Witwe von Zarefat ein, unsere Blickrichtung im Leben und in der Gesellschaft zu ändern, aber nicht in einem engen, moralischen Sinne (*du musst geben)*, sondern als grosse Einladung. Denn gerade diese Haltung ist es, die Töpfe voll macht und Lebensüberfülle schafft.

Es erstaunt nicht, dass selbst Jesus – der zweite Elia, wie ihn manche gesehen haben – Jahrhunderte später auf diese Geschichte Bezug nimmt (Lk 4,16-30). Er predigt in seinem Heimatdorf Nazareth und brüskiert die Dorfbewohner/innen mit diesem Beispiel von der fremden, nichtisraelitischen Witwe, die wirklich versteht, was der lebendige Gott Israels ist. Daraufhin wollen die Leute Jesus von einem Berg hinabstürzen. Warum? Weil ein so beglaubigter Gott zu konkret, zu lebenswarm ist?

Es bleibt am Schluss das Bild des nie versiegenden Mehl- und Öltopfs. Es ist ein Freudenbild für stets vorhandenes Brot, das Hunger stillt und für Töpfe, die das tägliche Brot heute hergeben. Und es ist auch ein Bild für eine Lebenshaltung, die Lebensfülle schenkt.

24. Januar 2010

2. LIST UND LINSEN

29 Einst kochte Jakob ein Gericht. Esau aber kam erschöpft vom Feld. 30 Und Esau
sprach zu Jakob: Lass mich doch schnell von dem Roten essen, von dem Roten da, denn
ich bin ganz erschöpft. Darum nennt man ihn Edom (Im Namen Edom klingt hebräisch rot
an.) 31 Jakob aber sprach: Verkaufe mir zuvor dein Erstgeburtsrecht. 32 Esau sprach:
Ach, ich sterbe fast vor Hunger. Was soll mir da die Erstgeburt? 33 Jakob sprach: Zuerst
schwörst du mir! Und er schwor ihm und verkaufte Jakob sein Erstgeburtsrecht. 34 Da gab
Jakob dem Esau Brot und Linsen. Der ass und trank, stand auf und ging davon. So gering
achtete Esau das Erstgeburtsrecht. **Genesis 25,29-34**

27 1 Als Isaak alt geworden war und seine Augen erloschen waren, so dass er nicht mehr
sehen konnte, rief er seinen älteren Sohn Esau und sprach zu ihm: Mein Sohn! Und dieser
sagte zu ihm: Hier bin ich. 2 Da sprach er: Sieh, ich bin alt geworden und weiss nicht,
wann ich sterben werde. 3 So nimm nun dein Jagdgerät, deinen Köcher und deinen Bogen, geh hinaus aufs Feld und erjage mir ein Wild. 4 Dann bereite mir mein Leibgericht zu,
wie ich es liebe, und bring es mir, und ich will essen, damit ich dich segnen kann, bevor
ich sterbe. **Genesis 27,1-4**

19 Jakob sprach zu seinem Vater: Ich bin Esau, dein Erstgeborener. Ich habe getan, was
du mir gesagt hast. Setz dich auf und iss von meinem Wildbret, damit du mich segnest. 20
Isaak aber sprach zu seinem Sohn: Wie hast du so schnell etwas gefunden, mein Sohn?
Er sprach: Der GOTT*, dein Gott, hat es günstig für mich gefügt. 21 Da sprach Isaak zu
Jakob: Tritt herzu, ich will dich betasten, mein Sohn, ob du mein Sohn Esau bist oder
nicht. 22 Da trat Jakob zu seinem Vater Isaak heran, und dieser betastete ihn und sprach:
Die Stimme ist Jakobs Stimme, aber die Hände sind Esaus Hände. 23 Und er erkannte ihn
nicht, denn seine Hände waren behaart wie die Hände seines Bruders Esau. Und so segnete er ihn. 24 Und er sprach zu ihm: Du also bist mein Sohn Esau? Er sprach: Ja, das bin
ich. 25 Da sprach er: Trag mir auf, und ich will von dem Wildbret meines Sohns essen,
damit ich dich segnen kann. Da trug er ihm auf, und er ass. Und er brachte ihm auch
Wein, und er trank. 26 Dann sprach sein Vater Isaak zu ihm: Tritt herzu und küss mich,
mein Sohn. 27 Und er trat herzu und küsste ihn. Da roch er den Geruch seiner Kleider,
und er segnete ihn und sprach:

Sieh, der Geruch meines Sohns
ist wie der Geruch des Feldes,

das GOTT* gesegnet hat.
28 Gott gebe dir
vom Tau des Himmels
und vom Fett der Erde,
Korn und Wein in Fülle.
29 Völker sollen dir dienen,
und Nationen sollen sich vor dir niederwerfen.
Sei Herr über deine Brüder,
und vor dir sollen sich niederwerfen die Söhne deiner Mutter.
Gesegnet ist, wer dich segnet,
und verflucht, wer dich verflucht.
30 Kaum hatte Isaak Jakob gesegnet und Jakob seinen Vater Isaak verlassen, kam sein
Bruder Esau von der Jagd. 31 Auch er bereitete das Leibgericht und brachte es seinem
Vater. Und er sprach zu seinem Vater: Mein Vater möge sich aufrichten und vom Wildbret
seines Sohns essen, damit du mich segnest. **Genesis 27,19-31**

Eine Mahlzeit bringt Menschen zusammen. Sie dient der Gemeinschaft und der Geselligkeit. Sie gliedert den Alltag und gehört zu den Festzeiten. Mahlzeiten aber sagen etwas über die sozialen Geflechte aus und offenbaren mitunter auch, wo die Konflikte in einer Familie oder einer andern Essensgemeinschaft zu suchen sind. Eine Mahlzeit kann Distanz und Differenz enthüllen oder die herrschenden Machtverhältnisse aufzeigen. Essenstische sind auch Konflikt-Tische!

Manches Paar, das miteinander abseits von alltäglichen Ritualen und fern der Routine seine Ferien verbringt und auf sich zurückgeworfen ist, spürt dann manchmal anhand verkrampft schweigsamer Mahlzeiten, dass ihrer Beziehung eine Basis fehlt. Manchmal wird die Ahnung deutlicher, dass unter solcher Oberfläche das nackte Beziehungsgrauen wartet. Eine gewisse Zeit mag es gut gehen, über andere Menschen zu diskutieren, sich über die Fehler anderer zu ereifern. Doch irgendwann ist es ausgeschöpft. Irgendwann bekommt die Oberfläche Risse.

Letzteres gilt auch für unsere heutige biblische Erzählung, die aus den alttestamentlichen Mütter- und Vätergeschichten stammt. Ein Linsentopf steht am Anfang einer Familientragödie und einer Geschichte, die mit Betrug und Schuld, parteiischer Elternliebe, Komplizenschaft und Hass gefüllt ist. Genau genommen beginnt der Konflikt bereits im Mutterleib. Rebekka trägt Zwillinge in sich. Sie spürt das Gegensätzliche, Widerstreitende, das sie in sich trägt, bevor sie die dunkle Prophezeiung erhält, dass sich hier zwei zukünftige Nationen in ihrem Leib streiten. Es sind in der Tat zwei unterschiedliche Brüder: Esau, der Wildere, ist der Typus des Jägers, der herum streift, Jakob der Typus des Hirten, des Ansässigen, einer, der den Zelten und damit dem mütterlichen Schoss und Schutz näher steht. Es ist die Wiederholung der Geschichte von Kain und Abel, des biblischen Urbrüderpaares. Auch dort klingen kulturgeschichtliche Unterschiede und Auseinandersetzungen an: Kain ist Ackerbauer und Abel Schafhirt. Kain, der Abel zu Tode schlägt, muss den Ackerboden verlassen und ein rastloses Leben führen.

Der Erzähler bringt in der Jakob-Esau-Geschichte bereits früh die Tragödie auf den Punkt: *Isaak liebte Esau, weil er gern Wildbret ass. Rebekka aber liebte Jakob.* So einfach sind die Worte, und doch sagen sie so viel aus: Mutter und Vater lieben je den andern Sohn! Und liebt Isaak den Jäger Esau nur, weil dieser ihm das begehrte Fleisch des Wildes nach Hause bringt? Es klingt bereits an, dass das Essen ein Konfliktpunkt in dieser Sippengeschichte ist.

Ein Jäger zieht oft tagelang umher. Der Vorrat braucht sich auf, wenn er kein Tier erlegen kann. So können wir uns einen ziemlich ausgehungerten Esau vorstellen, der zu den elterlichen Zelten heimkehrt und das Linsengericht entdeckt, das Jakob gekocht hat. Er möchte davon *fressen*, es verschlingen, wie das hebräische Wort das animalische Verlangen formuliert. Jakob nützt den Heisshunger von Esau eiskalt aus. Wir erfahren nichts von einem gemeinsamen Essen unter Brüdern. Es ist eine dumpfe Mahlzeit. Jakob ist ein Schlitzohr. In einem Wortspiel bedeutet sein Name *Jaakob* nicht *Gott möge schützen,* sondern *Ferse (akeb).* Damit klingt an, dass er bei der Geburt seinen Zwillingsbruder an der Ferse zurückhalten wollte. Jakob, der

Fersenhalter, ist also einer, der es nicht zulassen kann, dass der andere der Erste ist. Und so erpresst er Esau mit dem Essen. Denn dieser besitzt als Erstgeborener das Erstgeburtsrecht. Er ist der gepriesene Erbe mit allen Rechten und Pflichten. Esau ist so hungrig und gierig nach den roten Linsen, dass er dem Handel zustimmt. In Siegerlaune spendiert Jakob Brot und Wein dazu.

Auch hier weist ein Wortspiel mit der *roten* Speise und der Sippe *Edom* auf andere Zusammenhänge hin, nämlich auf politische Verhältnisse, die den Aufstieg Israels über das ältere Edom betreffen. Das Vorrecht wird buchstäblich verschlungen und angesichts des bereits absehbaren Familiendramas bleibt einem der Bissen buchstäblich im Halse stecken.

Das Ausmass dieser Tragödie offenbart sich zwei Kapitel später. Wiederum steht im Zentrum ein Essen. Doch diesmal ist es ein sorgfältig zelebriertes Festessen, das in allen Details beschrieben wird. Das Essen ist für den alten Vater Issak zubereitet. Er ist alt und blind. Bevor er stirbt, will er seinem Erstgeborenen seinen Segen geben. Der Segen war so etwas wie das geistige und spirituelle Kapital: die Lebenskraft für die Zukunft und die zukünftige Generation und Sippe.

Dazu muss er noch einmal alle Lebenskraft aufbieten. Was könnte das besser, als ein Essen, das man liebt, das Wildbret, das zudem mit der Liebe zu seinem Sohn Esau verknüpft ist? Die erzählerischen Hinweise auf das Familiengefüge – *Isaak liebte Esau, weil er gern Wildbret ass, Rebekka aber liebte Jakob* – zeigen nun ihre Wirksamkeit. Denn nun betritt die *Mutterliebe* die Bühne: Rebekka hört, wie Isaak Esau um das Essen bittet und ihn danach segnen will. Sie aber will, dass ihr Liebling Jakob gesegnet werde. So schmiedet sie den Plan bis ins Detail: Als Esau auf der Jagd ist, bereitet sie Ziegen nach Art des Wildbrets zu. Sie lässt Jakob sich wie Esau kleiden, legt ihm die Pelze um die Hände, um den haarigen Esau vorzutäuschen. Eine Mutter wird zur Komplizin ihres Sohnes und hintergeht ihren blinden Ehemann! Eigentlich erniedrigt Jakob sich, wenn er sich in den Plan der Mutter einbinden lässt. Er muss so sein wie Esau; es ist nicht Jakob, der ans Bett des Vaters herantritt. Dieser prüft ihn, indem er den vermeintlichen Esau riecht und abtastet. Nicht Jakob ist gemeint, sondern Esau. Die Liebe des Vaters, um die er vielleicht immer gekämpft hat, gilt nicht ihm. Das schafft auch dieser listige Plan nicht aus der Welt.

Der betagte Isaak stärkt sich mit dem Essen, mit Wildbret und Wein. Der sinnliche Genuss der Leibspeise wird zelebriert. Physisch und emotional gestärkt, segnet der Vater den Sohn, der für den Bestand der Familie sorgen wird. Es ist ein religiöser Akt, denn in diesem Segen verbindet sich Gott mit dem Gesegneten. Deshalb ist der Segen unumstösslich.

Wie schlimm der Betrug ist, zeigt sich an der Reaktion Isaaks, als der Betrug auffliegt. Isaak bebt vor Schrecken. Entsetzen, Geschrei, Wut und Hass macht sich im Hause Isaaks breit. Der Betrug fliegt auf, als Esau zum Vater heimkommt und den Segen erbittet. Esau ist verzweifelt, am Boden zerstört, als er vernimmt, was geschehen ist. Verzweifelt sagt Isaak zu Esau:

> *Sieh, ich habe ihn zum Herrn über dich gesetzt, und alle seine Brüder habe ich ihm als Diener gegeben, mit Korn und Wein habe ich ihn versorgt. Was kann ich für dich noch tun, mein Sohn? Esau sprach zu seinem Vater: Hast du denn nur einen Segen, mein Vater? Segne doch auch mich, mein Vater. Und Esau begann laut zu weinen.* (Genesis 27,37f.)

Die Familientragödie nähert sich dem Höhepunkt. Isaak segnet nun auch Esau. Dieser Segen aber ist ein bitterer Segen. Was wundert es, wenn der Betrogene nun beabsichtigt, Jakob umzubringen?

Noch einmal greift Rebekka in ihrer Mutterliebe ein und schickt Jakob weit weg nach Syrien in den Dienst seines Onkels Laban. Für kurze Zeit, wie sie meint. Bis der Hass verraucht ist. Zwanzig Jahre werden es sein. Rebekka wird ihren Sohn nie mehr sehen. Mit dem Betrug hat sie ihren Liebling verloren. Doch Jakob hat den Segen, unumstösslich. Er wird mit den Frauen Lea und Rahel zu der gesegneten Sippe werden. *Wie bitte,* fragen sich da Menschen mit Gerechtigkeitssinn, *belohnt Gott wirklich den Betrüger, den Schuldbefleckten?* Dieser Frage können wir uns hier nicht entziehen. Es ist die theologische Frage, die in dieser Geschichte relevant ist.

Die Erzähler der Sippengeschichte gehen gewiss davon aus, dass über allem Gott steht, der mit den Menschen etwas beabsichtigt. Diese aber funktionieren nicht perfekt, nicht nach Plan. Sie funktionieren so, wie auch wir sind. Mit eigenem Willen, aber auch mit charakterlichen Mängeln, mit Eigensucht und Neid, Berechnung und Liebe ausstaffiert. Oder sind die Mängel und Irrwege bereits eingeplant? Daran mag ich eigentlich nicht recht glauben. Aber eine Frage erhebt sich für mich aus der gesamten Erzählung. Steht nicht unsere menschliche Beurteilung von richtig und falsch auf einer schmalen Basis? Manches nämlich, was wir zu einem gewissen Zeitpunkt als richtig, als gut, als moralisch korrekt beurteilen, erweist sich im Nachhinein und in seiner Wirkung als Fehler oder gar als Schuld.

Gerade am Essen kann das Zwiespältige gezeigt werden. Es gibt Eltern, die ihre Kinder, selbst wenn sie bereits erwachsen sind, zum ständigen Essen anhalten. Vielleicht betrifft dies stärker die Mütter, weil es immer noch sie sind, die mehrheitlich für die Nahrungszubereitung zuständig sind. Durch die Verweigerung ihres Essens fühlen sie sich von ihrem Kind abgelehnt. Die versteckte Botschaft solcher Mütter oder Väter kann lauten: *Wenn du alles isst, was ich dir gebe, zeigst du mir, dass du mich liebst.* Manchmal sind es auch einfach übernommene Muster aus der eigenen Familie, die nie hinterfragt worden sind (*Essen ist gut, Essen macht stark*). Wo das Essen derart mit Gefühlen und Verletzungen verbunden wird, kann sich etwas Destruktives breit machen. Denn wenn das Kind, auch das erwachsene Kind, diesen Appell nicht klären kann oder zurückzuweisen lernt, kann die Wirkung sich möglicherweise in Essstörungen und zum Teil in lebenslangen gesundheitlichen Störungen zeigen. So wird das Essen zum Kampfplatz der Gefühle. *Ich will nur das Gute für dich* ist oft etwas sehr Zwiespältiges. Essstörungen werden deshalb häufig im Familiensystem therapiert und nicht nur bei der Person, die

die Symptome aufweist. Die Störung liegt im System. Die ganze Familie muss umdenken und Verantwortung übernehmen.

Das Beispiel mag genügen, um zu zeigen, dass wir oft nicht in der Lage sind, das Gute, das Fehlerhafte und Schuldhafte im eigenen Lebensbogen zu sehen. Auch das vermeintlich Gute steht nicht immer im Dienst des wirklich Guten. Doch die Frage nach der Gerechtigkeit in der biblischen Geschichte vom betrogenen Esau habe ich noch nicht beantwortet. Ungerecht bleibt es allemal, wenn wir die Sicht Esaus einnehmen. Das möchte ich keinesfalls verschönern. Das Leben ist unfair.

Die Sippengeschichte jedoch berichtet von einer Reifung Jakobs. Er muss sich innerlich wandeln. Der Mensch besitzt durchaus die Fähigkeit, die eigenen Fehler einzusehen, zur eigenen Schuld zu stehen.

Es wird nochmals zu einer Begegnung mit Esau kommen, zwanzig Jahre später. Aber das ist eine Geschichte, die eine eigene Predigt wert ist. Erwähnt sei lediglich die dritte Mahlzeit, die in dieser Sippengeschichte vorkommt. Jakob gerät wiederum durch seine Schlitzohrigkeit in einen Konflikt, dieses Mal mit der Laban-Sippe. Er beseitigt den Konflikt mit einem schönen Kultmahl. Es ist ein Frieden stiftendes Mahl. Beide Parteien gehen friedlich voneinander. Jakob hat etwas gelernt. Die dritte markante Essensszene in der Sippengeschichte zeigt Jakobs Reifung. Nun kann er zum Ahnvater werden, zu dem Vorbild, als das er später in die Heilsgeschichte Eingang finden wird.

Thich Nhat Hanh, ein vietnamesische Weisheitslehrer unserer Zeit, sagt:

Du hegst die Blume in dir,
damit ich schön werde.
Ich verwandle den Unrat in mir,
damit du nicht leiden musst.[10]

Den Unrat in sich zu verwandeln, ist einem Komposthaufen vergleichbar. Der Kompost verrottet. Aus ihm aber entsteht Boden für neues Wachstum, auch für religiöses Wachstum. Ich erkenne in der Jakobsgeschichte einen solchen Prozess. Er führt in einem letzten, inneren Kampf schliesslich zur Versöhnung mit seinem Bruder Esau. Es hat für Jakob (und Esau) offenbar diese lange Zeit der Trennung und des Leidens gebraucht. Manches Unrecht kann niemals gut gemacht werden. Jakob bleibt auch nach der Versöhnung mit Esau der Gesegnete. Müssen wir nicht mit dem leben lernen, was nicht rückgängig gemacht werden kann?

Am Schluss des Lebensbogens geht es weniger um die Frage, wieviel ich an Ungerechtigkeit erlebt oder verübt habe, als darum, was ich daraus gemacht habe. Bin ich verbittert und habe ich aus Bitterkeit heraus andere leiden gemacht? Oder konnte ich meinen Unrat in mir in neues Wachstum verwandeln?

Die Erzählung regt uns also an, über die Bedeutung des Schuld- und Fehlerhaften in unserem eigenen Lebensbogen nachzudenken. Sie führt uns vor Augen, dass Versöhnung selbst dort möglich ist, wo Verletzungen geschehen sind.

7. Februar 2010

3. SOZIALES FASTEN

3b Warum haben wir gefastet, und du hast es nicht gesehen,
haben wir uns gedemütigt, und du weisst nichts davon?
Seht, an eurem Fastentag geht ihr anderen Dingen nach,
und alle eure Arbeiter treibt ihr an.
4 Seht, ihr fastet so, dass es zu Streit kommt und zu Zank
und dass man zuschlägt mit der Faust des Unrechts.
Ihr fastet heute nicht so,
dass ihr eure Stimme in der Höhe zu Gehör bringt.
5 Soll das ein Fasten sein, wie ich es will:
Ein Tag, an dem der Mensch sich demütigt?
Soll man seinen Kopf hängen lassen wie die Binse
und sich in Sack und Asche betten?
Soll man das ein Fasten nennen
und einen Tag, GOTT* wohlgefällig?
6 Ist nicht dies ein Fasten, wie ich es will:
Ungerechte Fesseln öffnen,
die Stricke der Jochstange lösen
und Misshandelte freilassen
und dass ihr jedes Joch zerbrecht?
7 Bedeutet es nicht, dem Hungrigen dein Brot zu brechen
und dass du Arme, Obdachlose ins Haus bringst?
Wenn du einen Nackten siehst, dann bedeck ihn,
und deinen Brüdern sollst du dich nicht entziehen!
8 Dann wird dein Licht hervorbrechen wie das Morgenrot,
und rasch wird deine Heilung gedeihen,
vor dir her zieht deine Gerechtigkeit,
und deine Nachhut ist die Herrlichkeit GOTTES*.
9 Dann wirst du rufen, und GOTT* wird antworten,
du wirst um Hilfe rufen, und er wird sprechen: Sieh, hier bin ich!
Wenn du aus deiner Mitte das Joch entfernst,
das Zeigen mit dem Finger
und die unrechte Rede

10 und dem Hungrigen gewährst, was du selbst zum Leben brauchst,
und satt machst den, der gedemütigt ist,
dann wird dein Licht aufstrahlen in der Finsternis,
und deine Dunkelheit wird sein wie der Mittag.
11 Und allezeit wird GOTT* dich leiten,
und in dürrem Land macht er dich satt,
und deine Knochen macht er stark.
Und du wirst sein wie ein bewässerter Garten
und wie eine Wasserquelle, deren Wasser nicht trügen.
12 Und die von dir abstammen, werden die uralten Trümmerstätten aufbauen,
die Grundmauern vergangener Generationen wirst du aufrichten.
Und du wirst Der-die-Bresche-zumauert genannt werden,
Der-Pfade-wieder-herstellt-damit-man-wohnen-kann. **Jesaja 58,3b-12**

In der diesjährigen Agenda von *Brot für alle* (2010) steht: *Denke bei jedem Reiskorn daran: Es ist mein Schweiss, den du isst.*[11] Es ist eine Mahnung thailändischer Bauern. Sie führt uns mitten ins Thema des Handels und auch mitten ins Thema des Propheten Jesaja, der davon redet, ungerechte Fesseln und Stricke zu öffnen und Misshandelte freizulassen.

Unrecht und Gewalt kommt mitten unter uns täglich vor. Die Sache aber, die ich heute anspreche, ist undurchsichtiger. Sie hat mit strukturellem Unrecht zu tun. Oder, um es in religiöser Sprache zu sagen: mit struktureller Sünde. In manchem nämlich, was wir tun, sind wir Teil des Unrechts, das andere Menschen erfahren. Es betrifft vor allem unser Konsumverhalten. Das Unrecht, mit dem wir verknüpft werden, steht da nicht direkt vor unseren Augen: Wir kaufen Billigkleider; dafür näht sich irgendwo ein Kind in Kellerverliesen die Finger wund. Wir hören in der Predigt Worte über Gerechtigkeit und trinken anschliessend vielleicht Kaffee, der zu Bedingungen produziert worden ist, unter denen die Arbeitenden vom Lohn, den sie erhalten, nicht leben können. Wir hören ein Kirchenkonzert und erfrischen uns anschliessend mit Orangensaft, dessen Produktion durch den Einsatz von Pestiziden den Arbeiterinnen auf den Plantagen schwere Erkrankungen verursacht. Wir essen Fleisch und tragen durch die damit verbundenen Produktionsmethoden erheblich zu schweren Umweltkatastrophen bei. Für das Tierfutter werden exzessive Rodungen durchgeführt, und Mais und Soja werden massenweise in Monokulturen angebaut. Dazu kommt ein unsägliches, zum Himmel schreiendes Tierleid, das mit unserer industriellen Fleischproduktion einhergeht. Das sind alles Zusammenhänge, die Unrecht und Verfehlung nicht auf den ersten Blick erkennen lassen. Aber wir können es wissen! In den Industrieländern leben Menschen in unverantwortlichem Masse auf Kosten anderer. Wir sind Teil einer immensen Unrechtsstruktur geworden. Unsere weltweite Vernetzung macht es notwendig, dass wir auch vor dem weltweiten Unrecht nicht die Augen verschliessen, sondern etwas dagegen unternehmen. Es ist sogar so: Unser Lebensstil wird durch weltweite Unrechtsstrukturen eben erst möglich.

Und damit rückt uns der Text von Jesaja ganz gewaltig auf die Pelle. Plötzlich sitzen wir mit Juan, dem Kaffeeplantagenarbeiter, oder Maria, der Näherin in der Fabrik, oder Pedro, dem Bauern, an einem Tisch. Wir hören ihnen zu, wie ihr Leben aussieht, welche Probleme sie drücken. Wir erfahren, dass diese Menschen immer weniger zum Leben haben, auch wenn sie immer mehr produzieren müssen.

Brot für alle hält in den diesjährigen Unterlagen zum Beispiel fest: In Haiti war die Zahl der Hungernden (vor dem gewaltigen Erdbeben) in den Reisanbaugebieten am grössten. Es ist absurd: Dort, wo Grundnahrung produziert werden, hungern Menschen. Der Grund: Ein Grossteil des importierten Reises (95%) wurde zu Dumping-Preisen aus den USA nach Haiti eingeführt. Die Reisbauern vor Ort können da nicht mithalten. Ein anderes Beispiel: In Ghana ersetzen importierte Tomatenpasten einen Grossteil der lokalen frischen Tomaten. Deshalb müssen die Kleinbauernfamilien ihre Produktion einstellen und werden von den billig produzierten Lebensmitteln abhängig. Solche Geschichten hätten uns Juan, Pedro, Maria zu erzählen. Sie würden es uns wohl in einer gewissen Haltung der Ohnmacht erzählen. Wer kann dies alles schon durchschauen?

Es ist Teil unserer Verantwortung als Christen und Christinnen, dass wir lernen, diese wirtschaftliche Dynamik besser zu erkennen und dort, wo es möglich ist, zu verändern. Mitten in diesen Unrechtsstrukturen sind der gerechte Handel und das Kaufen von gerecht produzierten Konsumgütern immerhin ein Lichtblick, auch wenn man sagen muss, dass es die Unrechtsstrukturen, die vor allem der Kapitalismus hervorgebracht hat, noch nicht wirklich verändert. Aber es kann das Leben eines Juan, eines Pedro, einer Maria verbessern.

Wenn Jesaja sagt: *Entzieh dich nicht deinem Fleisch und Blut*, dann dreht er seinen Zeitgenossinnen und Mitmenschen den Kopf so um, dass sie sehen, was sie tun und anderen antun, zum Beispiel mit frommer Miene zu fasten und gleichzeitig die abhängigen Arbeiter anzutreiben! Als globalisierte Menschen müssen wir dasselbe bedenken, was Jesaja anmahnt, aber in grosser Weiträumigkeit. Das macht die Sache nicht gerade einfacher.

Doch wer ist Jesaja, der uns diese deutlichen Worte überliefert hat, die damals wie heute unbequem sind? Jesaja ist in der Geschichte des jüdischen Volkes einer der grossen Propheten. Unter seinem Namen ist in der Bibel eine grosse Sammlung prophetischer Tradition überliefert. Längst nicht alles stammt von Jesaja selbst, sondern von Menschen, die in seinem Geist weitergewirkt haben. Dazu gehört auch das Kapitel 58. Es wird dem *Dritten Jesaja* (*Tritojesaja*) zugeschrieben. Der Einfachheit halber spreche ich dennoch einfach von *Jesaja*. Unser Text stammt aus einer Zeit, in der das Volk Israel eine schwere Leidenszeit hinter sich hatte. Im 6. Jahrhundert vor Christus wurde Jerusalem von den Babyloniern zerstört. Ein Teil der Bevölkerung wurde nach Babylonien verschleppt. So sollte das ganze Volk politisch handlungsunfähig gemacht werden. Dieses Exil hinterliess tiefe Spuren. Mehr als eine Generation später konnten die Verschleppten wieder in ihr Land zurückkehren und sich daran machen, ihr Leben, ihre Städte, Jerusalem und den

Tempel ihres Gottes wieder aufzubauen. Um sich an das Exil und die Trümmerzeit zu erinnern, wurden Fastentage abgehalten. Der Verzicht auf Essen und Trinken war ein Ritus der Trauer und diente der Unterbrechung des Gewohnten. Damit sind wir mitten im Text von Jesaja 58. Ein zorniger Text. Der Prophet repräsentiert Gottes Worte, die voller Zorn sind, weil das Volk, kaum aus dem Exil und der Gewalt entronnen, selber Unrecht tut. Der Prophet benennt dieses Unrecht. Ja, er schreit es heraus, unberührt davon, dass er sich damit keine Freunde macht. Selbst an diesen Fastentagen, die an das Leiden des Volkes erinnern, betreiben die Geschäftemacher ihren unrechten Handel und verdienen viel Geld damit. Im Namen des zornigen Gottes schreit der Prophet den Profiteuren entgegen:

Seht, an eurem Fastentag geht ihr anderen Dingen nach, und alle eure Arbeiter treibt ihr an. Seht, ihr fastet so, dass es zu Streit kommt und zu Zank und dass man zuschlägt mit der Faust des Unrechts. (Jes 58,3b.4)

Das Fasten ist nicht nur schöner Schein, sondern verdeckt das unrechte Tun möglichst unter theatralischem Frommsein. Ironisch fragt *Jesaja*:

Soll das ein Fasten sein, wie ich es will: Ein Tag, an dem der Mensch sich demütigt? Soll man seinen Kopf hängen lassen wie die Binse und sich in Sack und Asche betten? (Jes 58,5)

Ein paar Jahrhunderte später wird Jesus in seiner Kritik an äusserlicher Frömmigkeit Ähnliches sagen:

Wenn ihr aber fastet, macht kein saures Gesicht wie die Heuchler, denn sie machen ein saures Gesicht, um den Leuten zu zeigen, dass sie fasten. (Mt 6,16)

Dem Mann aus Nazareth war ebenso klar wie Jesaja oder denen, die in seinem Namen weiter wirkten, dass Religion null und nichtig ist, wenn sie nicht das Verhältnis zwischen Mensch und Gott bereinigt, und die Menschen zu einer befreiten und gerechten Gesellschaft führt. Sowohl Jesaja als auch

Jesus sprechen zu Menschen, welche die Ohnmacht kennen, die sie unter Fremdherrschaften (in Babylon die einen, durch Rom die andern) hautnah erfahren haben oder noch erfahren. Aber auch ohnmächtige Menschen können zu Tätern und Täterinnen werden, welche Unrecht reproduzieren! Sie sind nicht einfach nur Opfer.

Die existierenden Machtverhältnisse lassen auch uns immer wieder ohnmächtig fühlen. Die Bankenkrise hat es deutlich gezeigt. Ohne, dass wir uns dazu äussern konnten, wurden unzählige Milliarden aus Steuergeldern eingeworfen, um den Ruin der UBS aufzuhalten. Viele empfinden es so, dass wir nun diejenigen sind, die ausbaden müssen, was die Geldspiele gewinnsüchtiger und von der Realität abgehobener Manager als Teil eines Systems verursacht haben. Doch wieviel öffentlichen Protest hat es gegeben? Die meisten Menschen, auch ich, haben bloss gewettert. Und vielleicht gehofft, dass es ja schon richtig sei, mit den Milliarden noch Schlimmeres zu verhindern. Aber schleicht sich da nicht ein Gefühl der Ohnmacht ein? Ist es in unserem Denken zur Normalität geworden, dass es das Gefälle zwischen *Winnern* und *Loosern* gibt, so dass wir die Gefühle von Ohnmacht nicht wirklich ernst nehmen? Es gibt in dieser Welt noch andere Sichtweisen auf Besitz und Gesellschaft. Sie geben uns zu denken:

Im Indianermuseum in Zürich kann man derzeit von den Inuits, den Einheimischen, die im arktischen Zentral- und Nordostkanada sowie auf Grönland leben, erfahren. Sie haben einen ganz anderen Zugang zum Besitz. Besitz wird mit allen geteilt. Dass jemand etwas für sich hortet, ist ihnen fremd. Das verstehen sie gar nicht. Ein Inuit, der Besitz anhäuft, würde aus der Gemeinschaft ausgeschlossen. Ansehen hat, wer viele fette Robben erjagt, denn das bedeutet Nahrung und Leben für alle, für die ganze Gemeinschaft. Ansehen hat also, wer der Gemeinschaft möglichst viel abgeben kann.

Ein anderes Beispiel: In der Agenda von *Brot für alle*, die ab dem heutigen Tag bis Ostern durch die Fastenzeit führt, steht heute dies:

Hat eine Familie aus dem Volk der Nivaclé
in Paraguay nichts mehr zu essen,
wandert sie stundenlang,
bis sie eine andere Familie trifft.
Sie gehen in deren Haus,
nehmen die Lebensmittel,
die sie brauchen,
und gehen wieder.
Sie verhungern nicht.
Nach einiger Zeit kommen dann andere zu ihnen
und auch sie geben von dem, was sie haben.
Der Name «Nivaclé» bedeutet «Mensch», «Person», «Herr».[12]

Die zwei Beispiele zeigen uns eine ganz andere Normalität, einen ganz andern Umgang mit Besitz.

Ich habe bereits erwähnt: Der Jesajatext hat eine zornige Sprache. Zorn aber ist etwas anderes als Resignation und Ohnmacht. In solchem Zorn steckt auch Kraft. Die empörte Prophetensprache ist deshalb auch eine Sprache der Hoffnung, eine Hoffnung, die ganz langsam durchbuchstabiert werden muss, wie eine Erstklässlerin das Lesen lernt. *Jesaja* richtet sich an Menschen, die die Erfahrung von Gewalt und Entfremdung gemacht haben. Umso wichtiger ist seine Botschaft des Zornes. Wir kennen das wohl alle: Wenn wir resigniert sind, wenn wir uns ohnmächtig und gedemütigt fühlen, dann sind wir irgendwie auch kraftlos, unlebendig. Das ist ein sehr unangenehmer Zustand. Wenn ich das selbst spüre, weiss ich gleichzeitig: Wenn ich mich jetzt nicht aufrichte und kämpfe – durchaus auch mal für eine eigene Sache – dann bin ich wie tot!

Ein Mensch, der das Unrecht benennt und gleichzeitig versucht, sich in die Güte einzuüben, kann neues Leben in sich selbst spüren. Deshalb redet der Text auch von Heilung. Resignation und Ohnmacht zu überwinden, unrechtes Tun aufzugeben, kann heilend für unser Leben sein.

Der Aufruf im Jesajatext geht in der Anrede von *ihr* zu *du* über. Da kann man sich nicht mehr entziehen. *Du bist gemeint und angesprochen! Selbst wenn du zu den Ohnmächtigen in dieser Welt gehörst. Deine Hände sollen Fesseln lösen, Brot brechen, Nackte kleiden.* Darin liegt der Zauber des Textes. Das bedeutet auch, sich nicht hinter der eigenen Unbedeutetheit zu verschanzen. Wenn viele Menschen einer Gesellschaft, in der nur wenige zu den Gewinnern gehören können, nicht mehr mitmachen wollen, und wenn sie dies als Masse mit Hartnäckigkeit kundtun würden, könnten sie da nicht etwas bewegen? Ein Beispiel: Als ich noch Studentin war, wurden die Leute, die Fair-Trade-Produkte lancierten, als Spinner bezeichnet. Heute sind Fair-Trade-Produkte zu einem beachtlichen Marktanteil geworden und sind bei Grossverteilern im Angebot. Auch dies ist geschehen, weil immer mehr Leute mit Nachdruck nachgefragt haben und ihren Willen, solche fair gehandelte Produkte kaufen zu können, kundgetan haben.

Schliesslich wird *Jesaja* ganz poetisch. Von den Menschen, die ihren Anteil am Unrecht sehen und sich in die Güte einüben, sagt er: *Dann wird dein Licht hervorbrechen wie das Morgenrot.* Der Text beschreibt anschliessend einen religiösen Festzug: Der Mensch, der sich in die Gerechtigkeit einübt, ist wie ein Mensch in einem Festzug: Von Licht umgeben, ja, sogar der Glanz Gottes leuchtet hinter ihm her. Gott sagt dort: *Sieh, hier bin ich!* Anders gesagt: Das ist nicht mehr religiöser Schein! Hier ist Gott mit uns. Deshalb erhält der Mensch, der sich in Gerechtigkeit einübt, sprechende Namen wie: *Der-die-Bresche-zumauert* (das heisst: einer, der Risse kittet) oder *Der-Pfade-wieder-herstellt-damit-man-wohnen-kann.* Das sind Namen, welche die bewohnbare Welt bezeichnen und darauf hinweisen, dass *Jesaja* zu einem zerrissenen und desillusionierten Volk spricht, das in einem zerstörten Land von vorne anfangen muss. Aber – so sagt er – ob ein Volk eine Zukunft habe, zeige sich daran, wie es mit denen umgehe, die kein Brot haben, die heimatlos sind, die sich versklaven müssen. Und wie es mit der eigenen Erfahrung von Ohnmacht umgehe. Und ob Ohnmächtige selbst zu Täterinnen und Tätern würden.

Der Prophetentext verführt auch, weil er für den Glanz der Zukunft wirbt: Die Menschen, welche an diese Zukunft glauben, sollen beim Aufbau des Landes und der Gesellschaft diejenigen im Blick haben, die bereits jetzt unter die Räder kommen. Aber genau diese Haltung wird die wahre Schönheit und Erfülltheit der zukünftigen Gesellschaft ausmachen.

Und du wirst sein wie ein bewässerter Garten und wie eine Wasserquelle, deren Wasser nicht trügen.

21. Februar 2010, erster Fastensonntag

4. KONFLIKT-TISCHE

17 Wenn ich das Folgende anordne, so kann ich euch nicht loben, weil ihr nicht zur Förderung des Guten, sondern des Schlechten zusammenkommt.18 Vor allem nämlich höre ich, es gebe, wenn ihr als Gemeinde zusammenkommt, Spaltungen unter euch, und zum Teil glaube ich das auch. 19 Es muss ja auch Parteiungen geben unter euch, damit die Tüchtigen unter euch erkennbar werden. 20 So aber, wie ihr nun zusammenkommt, ist das Essen gar kein Mahl des Herrn.21 Denn jeder nimmt beim Essen sein eigenes Mahl vorweg, und der eine hungert, der andere ist schon betrunken.22 Habt ihr denn keine Häuser, in denen ihr essen und trinken könnt? Oder missachtet ihr die Gemeinde Gottes und wollt die beschämen, die nichts haben? Was soll ich euch sagen? Soll ich euch loben? In diesem Fall kann ich euch nicht loben.

23 Ich habe nämlich vom Herrn empfangen, was ich auch an euch weitergegeben habe: Der Herr, Jesus, nahm in der Nacht, da er ausgeliefert wurde, Brot, 24 dankte, brach es und sprach: Dies ist mein Leib für euch. Das tut zu meinem Gedächtnis. 25 Ebenso nahm er nach dem Essen den Kelch und sprach: Dieser Kelch ist der neue Bund in meinem Blut. Das tut, sooft ihr daraus trinkt, zu meinem Gedächtnis. 26 Denn sooft ihr dieses Brot esst und den Kelch trinkt, verkündigt ihr den Tod des Herrn, bis dass er kommt. 27 Darum: Wer auf unwürdige Weise das Brot isst oder den Kelch des Herrn trinkt, macht sich schuldig am Leib und am Blut des Herrn. 28 Es prüfe sich jeder, und dann soll er vom Brot essen und aus dem Kelch trinken. 29 Wer nämlich isst und trinkt, ohne zu wissen, was der Leib bedeutet, der isst und trinkt sich zum Gericht.

30 Darum gibt es bei euch viele Kranke und Gebrechliche, darum auch sind einige schon entschlafen. 31 Gingen wir mit uns selbst ins Gericht, so kämen wir nicht ins Gericht. 32 Werden wir aber vom Herrn gerichtet, so werden wir zurechtgebracht, damit wir nicht zusammen mit der Welt verurteilt werden.

33 Darum, meine Brüder und Schwestern, wenn ihr zum Essen zusammenkommt, wartet aufeinander! 34 Wer Hunger hat, soll zu Hause essen, damit ihr nicht zum Gericht zusammenkommt. Das Weitere aber werde ich regeln, sobald ich komme.**1 Korinther 11,17-34**

Wie geht es bei Ihnen zu und her, wenn Sie dort, wo Sie zuhause sind, Ihre Mahlzeit einnehmen? Wer kocht in der Regel? Wer verteilt das Essen? Wer sitzt an welchem Platz? Gibt es Unterschiede bei der Menge? Bekommt jemand das bessere Essen, zum Beispiel das gute Fleischstück? Und wenn ja, weshalb? Gibt es Unterschiede bei Mann und Frau? Wie hat es sich in Ihrem Leben verändert? Welche Kindheitserinnerungen gibt es in Bezug auf das gemeinsame Essen am Tisch?

Der Essenstisch sagt über eine Familie einiges aus. Er zeigt, wer Macht hat und wer keine hat. *Du musst alles aufessen! – Das esse ich nicht!* sind Ausrufe, die in den meisten Familien mit Kindern Ausdruck eines alltäglichen Kampfes ums Essen sind. Rund um den Essenstisch gibt es in Biographien von Menschen Verletzungen und Kränkungen, die tiefgreifend sind. Gerade Heim- oder Verdingkinder können mit solchen Geschichten Bände füllen. Zweifelsohne gibt der Esstisch Einblick in kulturelle Werte oder deren Zerfall.

Im Landesmuseum Zürich ist ein hölzerner Esstisch aus dem 18. Jahrhundert ausgestellt. In die Tischplatte sind runde Vertiefungen eingeschnitzt. Diese Vertiefungen dienten der Familie als Teller. Dort hinein wurde der Brei – viel anderes kann man sich bei dieser armseligen Ausstattung kaum vorstellen – hineingeschöpft. Die Vertiefungen allerdings sind unterschiedlich gross. Es ist augenfällig, dass nicht alle gleich viel Nahrung bekommen haben. Sind die kleinen Vertiefungen für die Kinder, für die man die Teller immer etwas mehr ausgeweitet hat? Oder wurden so die unterschiedlichen Anrechte auf die tägliche Nahrungsration eingeschnitzt? In der Geschichte der Nahrungszuteilung treffen wir jedenfalls sehr bald auf die Tatsache, dass gerade Mädchen und Frauen in der Regel weniger und minderwertiges Essen bekommen haben, was allerdings noch heute – weltweit gesehen – eine Tatsache ist. In alten Häusern (zum Beispiel zu sehen im Freilichtmuseum Ballenberg, Brienz, Kanton Bern) kann man manchmal noch die Frauenbänke sehen, wo die Frauen des Haushaltes warten mussten, bis die Männer fertig gespeist hatten, bis auch sie, die das Essen zubereitet hatten, von dem essen konnten, was übrig geblieben war.

Wo Nahrung ohnehin Mangelware war, ging es um nicht weniger als um die Gesundheit, die Kraft und damit um die grösseren Überlebenschancen. In vielen heutigen Kulturen finden wir noch solche Unterschiede in der Nahrungsverteilung. Letztlich steht dahinter die Beurteilung, welchem Leben und welcher Arbeit mehr Wert zugemessen wird.

Das Gedicht von Bertold Brecht *Die Vögel warten im Winter vor dem Fenster* ist ein positives Gleichnis dafür. Verschiedene Vögel bitten in diesem Gedicht in der Hungerzeit des Winters um eine Gabe und erinnern daran, dass sie im Sommer ihre Arbeit geleistet haben. Jeder einzelne Vogel wird darin gesättigt und sein Beitrag an die Gemeinschaft verdankt.

Auf dem Plakat der aktuellen Kampagne von *Brot für alle* dominiert ein Tisch mit Lebensmitteln. Schauen wir uns dieses Bild an (Abb. 4) !

Abb. 4
Kampagnenplakat von *Brot für alle* und *Fastenopfer* 2010:
Stoppt den unfairen Handel. Recht auf Nahrung.

Wir sehen vier Männer an einem Tisch. Sie spielen Poker um Nahrung. Worum es geht, ist an den Nahrungsmitteln auf dem Tisch erkennbar. Nicht alle erhalten gleichviel. Es gibt einen Gewinner, der alles an sich raffen kann. Der Mann repräsentiert die westliche Welt. Übersehbar gering sind die Nahrungsmittel, die für die Vertreter von Afrika, Lateinamerika und Asien übrig bleiben. Ihre Gesichter zeigen gegenüber dem Vertreter der westlichen Welt, der die Nahrungsmittel an sich rafft, Resignation oder Empörung. Frauen allerdings sind, wie auch in der Realität, am grossen Weltspiel gar nicht vertreten. Mit dem Bild macht *Brot für alle* auf die Tatsache aufmerksam, dass der Handel und die Spekulation mit Nahrungsmitteln *einen* grossen Gewinner und viele hungrige Verliererinnen hervorbringen.

Dieser Tisch mit den ungleich verteilten Nahrungsmitteln führt uns mitten in die Situation, die uns der heutige biblische Text nahe bringt. Der Apostel Paulus sieht sich gezwungen, an die christliche Gemeinde in der Stadt Korinth einen Brief zu senden. Wir schreiben das Jahr 55 nach Christus; es ist mehr als 20 Jahre nach dem Tod Jesu. In der Gemeinde gibt es zu den unterschiedlichsten Lebensfragen Konflikte und Spannungen. Die junge Gemeinschaft, die nach der Botschaft Jesu zu leben versucht, gerät in ihrem Miteinander immer wieder in Konflikte.

So geschieht es auch mitten in ihrem gemeinschaftlichen Zentrum. In unserem Text geht es um das Abendmahl. Es ist der älteste uns überlieferte Text, der uns von der christlichen Praxis des Abendmahls berichtet. Wir müssen uns allerdings von den Abendmahlsbildern in unseren Köpfen lösen, wenn wir uns nun an den Tisch der korinthischen Gemeinde setzen. Denn das Abendmahl bestand offenbar zuerst aus einer richtigen, sättigenden Mahlzeit, die mit einer Kulthandlung abgeschlossen wurde, was deutlich machte, dass diese Gemeinschaft ihren Grund und Sinn im Leben, Tod und Werk von Jesus hat. Solche Gemeinschaften waren in der griechisch-römischen Gesellschaft aber durchaus nichts Ungewöhnliches. Das *Rotary-Club-System* gab es schon damals! In den antiken Vereinen gehörten die

Mitglieder dieser Vereine einer ähnlichen sozialen Schicht an. Sie zahlten zum Teil hohe Mitgliederbeiträge. Die Versammlungen bestanden aus zwei Teilen. Zunächst wurden alle geschäftlichen Dinge geklärt, Missstände wurden vorgebracht. Dann konnte man sich heiter und gelöst dem geselligen Leben und dem Essen und Trinken zuwenden. Solche Vereinsmähler hatten durchaus einen religiösen Aspekt. Die Göttinnen und Götter wähnte man sozusagen als Vereinsgottheiten bei diesen Essen unter sich. Das führte manche urchristliche Gemeinde in eine schwere Konfliktsituation, da hier lebenswichtige Geschäftsbeziehungen geknüpft wurden. Macht man mit und isst das den heidnischen Gottheiten geweihte Fleisch? Oder sondert man sich ab?[13]

In der korinthischen urchristlichen Gemeinde kommen die Leute auf ähnliche Weise zusammen. Doch hier sind es unterschiedlichste Menschen: Reiche und Wohlhabende genauso, wie Lohnarbeiter oder Sklavinnen. Es sind Männer und Frauen, die sich am Tisch treffen. Für Frauen und niedrig gestellte Männer, die in andern Vereinen keinen Zugang haben, stellt diese Gemeinschaft, die keine Vereinsbeträge erhebt, auch eine Möglichkeit dar, satt zu werden. Doch grosse Konflikte machen der Mahlgemeinschaft zu schaffen. Paulus schreibt:

So aber, wie ihr nun zusammenkommt, ist das Essen gar kein Mahl des Herrn. Denn jeder nimmt beim Essen sein eigenes Mahl vorweg, und der eine hungert, der andere ist schon betrunken. (1 Kor 11,20f.)

Wie war der Verlauf dieses Essens? Werden von der Gemeinschaft nur Brot und Wein für alle zur Verfügung gestellt und nehmen die Teilnehmenden das andere Essen mit, das dann nur von ihnen selbst verzehrt wird? Jedenfalls haben die Wohlhabenden mehr zu essen, und sie haben auch das bessere Essen. Die Lohnarbeiterinnen und Sklaven können gar nicht rechtzeitig anwesend sein. Sie müssen an ihren Arbeitsorten die Arbeiten verrichten, bis es dunkel ist, zum Beispiel am Hafen von Korinth, der ein mächtiger Handelsumschlagplatz ist. An der Christenversammlung schliesslich treffen sie auf die heiteren, satten und betrunkenen Wohlhabenden, die bestens gespeist und ihnen nichts übriggelassen haben, mit Ausnahme wohl von Brot und Wein.

Hier setzt Paulus mit seiner Kritik ein. Für ihn ist das ein schlimmes Fehlverhalten, weil die Gemeinschaft heilig ist, da sie im Namen von Jesus zusammenkommt. Die Verachtung der Armen ist demnach eine Verletzung der Heiligkeit des Leibes Christi. Heiligkeit und Gerechtigkeit gehören also grundlegend zusammen! Nun erwähnt Paulus auch einige für heutige Ohren befremdliche Umstände: Das Fehlverhalten der Gemeindeglieder sei gefährlich, ja tödlich. Wer *unwürdig* Brot und Wein zu sich nehme, lebe gefährlich. Dieses *unwürdig* hat Generationen von Christinnen und Christen das Abendmahl zur seelischen Tortur werden lassen. Anders gesagt: Die Vorstellung, dass man sich selbst *zu Gericht isst*, machte aus dem Abendmahl keine besonders einladende Sache. Doch dahinter steht eine bestimmte Vorstellung von Heiligkeit und Eigentum.

In der Apostelgeschichte 5 erzählt Lukas die Geschichte von Ananias und seiner Frau Saphira, die ein eigenes Stück Land verkaufen und vom Erlös einen Teil für sich zurückbehalten; den andern Teil übergeben sie den Aposteln und der Gemeinschaft. Erzählt wird, dass beide sofort sterben, weil der ganze Erlös ihres Ackers der Gemeinschaft gehört hätte. Offenbar erklärten sich die Mitglieder der urchristlichen Gemeinde grundsätzlich bereit, beim Verkauf von Eigentum den Erlös der Gemeinde zugute kommen zu lassen. Im Moment des Verkaufes war es also nicht mehr Privatbesitz, sondern Gemeindeeigentum und damit gottgeweiht.

Mit der ökonomischen Frage wurde in den frühen christlichen Gemeinden also sehr reflektiert umgegangen. Sie gehörte ganz klar zu der Frage nach heiliger Gemeinschaft beziehungsweise ihrer Verletzung. Das *unwürdig* ist also viel eher in diesem ökonomischen Zusammenhang und in der Frage nach Gerechtigkeit zu verstehen. Es ist im Grunde genommen geschickt in dem Pokertischbild von *Brot für alle* aufgenommen. Erinnert er nicht irgendwie an einen pervertierten Abendmahlstisch? Der heutige Text, der von der Ungerechtigkeit in der Abendmahlsgemeinschaft berichtet, legt es uns sogar nahe, diesen Pokertisch so zu interpretieren!

Der älteste Abendmahlsbericht stellt einen klar ökonomischen Zusammenhang her. Die gerechte Verteilung von Nahrung gehört ganz zum Leib Christi! Die Wohlhabenden am korinthischen Abendmahlstisch haben diese Gerechtigkeit der Gemeinschaft mit Füssen getreten. So rät Paulus ihnen, entweder zu Hause zu essen, wenn der Hunger so gross sei, oder besser, aufeinander zu warten, damit niemand hungern müsse.

Ich habe den hölzernen Armentisch mit den eingeschnitzten Tellern aus dem Landesmuseum lange betrachtet. Eigentlich, so dachte ich, könnte er durchaus zu einem Sinnbild für den Abendmahlstisch werden: Alle, die zu der Tischgemeinschaft gehören, haben Anrecht auf ihre Portion Nahrung. In dieser Welt sitzen wir am gleichen Tisch. Das Recht auf Nahrung ist sozusagen dem Tisch einverleibt. Die unterschiedlich grossen Einbuchtungen aber sollten dann nicht etwa das unterschiedliche Anrecht von Frauen oder sozial niedrig gestellten Menschen auf Nahrung darstellen, sondern lediglich dem Umstand gerecht werden, dass nicht alle Körper gleich viel Nahrung brauchen, um leben zu können. Der Tisch der Abendmahlsgemeinschaft ist mit dem Schrei nach Lebensmitteln verbunden. Er stellt das Gegenteil des ungerechten Pokertisches aus der Kampagne von *Brot für alle* dar.

Wir können danach fragen, was *unwürdig* oder *würdig* heutzutage in Bezug auf eine Mahlgemeinschaft bedeuten könnte. Gemeinschaft kann auf verschiedene Weise verletzt werden. Ebenso aber kann die Heiligkeit einer Gemeinschaft durchaus auch ausserhalb eines Abendmahles erlebt werden.

Ich habe einmal einen Mittagstisch an einer Schule erlebt, wo Kinder aus verschiedenen sozialen Schichten und mit unterschiedlichen Hautfarben mit Genuss und Fröhlichkeit ihre Mahlzeit eingenommen haben. Die betreuenden Erwachsenen trugen viel für das gute Klima bei, indem sie die Kinder zu ge-

genseitiger Achtung anhielten und es auch aufgriffen, wenn jemand über das Essen nörgelte oder wenn einem andern Kind etwas Beleidigendes zugerufen wurde. Einen Moment lang hatte dieser Tisch etwas Heiliges an sich, wenn auch laut und alles andere als feierlich-getragen, so wie wir es aus unserer Abendmahlspraxis meistens kennen.

Halten wir doch unsere Augen offen für Momente, wo ein gemeinsames Essen etwas vom Glanz des Heiligen ausstrahlt, zum Beispiel dort, wo Menschen zusammenkommen und sich nichts vormachen müssen; dort, wo zugehört und nachgefragt wird. Warum sollte einem alltäglichen Essen nicht etwas Heiliges innewohnen? Wir brauchen gerade solche alltäglichen Erfahrungen, um die Heiligkeit, Gerechtigkeit und Würde des Abendmahles wirklich zu verstehen.

28. Februar 2010, zweiter Fastensonntag

5. BROT, FISCHE UND GEMÜSEBEETE

30 Und die Apostel versammeln sich bei Jesus. Und sie berichteten ihm alles, was sie getan und gelehrt hatten. 31 Und er sagt zu ihnen: Kommt, ihr allein, an einen einsamen Ort,
und ruht euch ein wenig aus. Denn es war ein Kommen und Gehen, und sie hatten nicht
einmal Zeit zum Essen. 32 Und sie fuhren im Boot an einen einsamen Ort, wo sie für sich
waren.

33 Aber man sah sie wegfahren, und viele erfuhren es. Und sie liefen zu Fuss aus allen Städten dort zusammen und kamen noch vor ihnen an. 34 Als er ausstieg, sah er die
vielen Menschen, und sie taten ihm leid, denn sie waren wie Schafe, die keinen Hirten haben. Und er fing an, sie vieles zu lehren.

35 Und als die Stunde schon vorgerückt war, traten seine Jünger zu ihm und sagten:
Abgelegen ist der Ort und vorgerückt die Stunde. 36 Schick die Leute in die umliegenden
Gehöfte und Dörfer, damit sie sich etwas zu essen kaufen können. 37 Er aber antwortete
ihnen: Gebt ihr ihnen zu essen! Und sie sagen zu ihm: Sollen wir gehen und für zweihundert Denar Brote kaufen und ihnen zu essen geben? 38 Er aber sagt zu ihnen: Wie viele
Brote habt ihr? Geht und seht nach! Sie sehen nach und sagen: Fünf, und zwei Fische. 39
Und er forderte sie auf, sie sollten sich alle zu Tischgemeinschaften niederlassen im grü-
nen Gras. 40 Und sie lagerten sich in Gruppen zu hundert und zu fünfzig. 41 Und er nahm
die fünf Brote und die zwei Fische, blickte zum Himmel auf, sprach den Lobpreis und
brach die Brote und gab sie den Jüngern zum Verteilen, und auch die zwei Fische teilte er
für alle. 42 Und alle assen und wurden satt. 43 Und sie sammelten die Brocken, zwölf
Körbe voll, und auch die Resten von den Fischen.

44 Und es waren fünftausend Männer, die gegessen hatten. **Markus 6,30-44**

An dieser Stelle, zu Beginn der Predigt, hatte ich Sie schon mal aufgefordert, darüber zu meditieren, wie Sie in Ihrem Leben Mahlgemeinschaft erlebt haben oder im gegenwärtigen Lebensabschnitt erleben. Diese Anregung hat offenbar bei manchen einiges ausgelöst. Kindheitserinnerungen sind wach geworden: Unangenehme Erfahrungen an stumme, strenge Essenszeiten oder Erinnerungen an bunte, lustige Essensgemeinschaften. Es kämen einige Geschichten zusammen, wenn wir sie miteinander austauschen würden! Sozusagen als Platzhalter für diese vielen möglichen Geschichten möchte ich Ihnen heute meine eigenen Erfahrung aus der Kindheit schildern, dies gerade auch im Blick auf den Bibeltext, der der Predigt zugrunde liegt.

Ich kann auf eine sehr lebhafte Essgemeinschaft zurückblicken. Wir sassen zu fünft an einem winzigen Küchentisch in der Küche; neben dem Tisch blieb nur noch wenig Platz übrig. Jeder und jede hatte gerade genügend Raum für den Teller. Dennoch war diese Küche und der kleine Küchentisch die Drehscheibe unserer Wohnung: Hier, beim Essen oder beim Tee, wurde das verhandelt, was wichtig war: Die Schulerfahrungen, das Zeugnis, die Berufswahl, die Ängste und Sorgen. Es wurde gelacht und auch gestritten, und es war manchmal sehr laut. Am Küchentisch hatte auch die Tagespolitik Gewicht. Dafür sorgte einerseits der kleine Transistor-Radio, anderseits mein Vater, der die wichtigsten Geschehnisse aus der Zeitung einbrachte. An diesem Tisch erfuhren wir Kinder auch von den harten wirtschaftlichen Zeiten des Vaters, der beide Weltkriege erlebt hatte. Oder davon, wo es auf der Welt im Moment besonders viele hungernde und bedürftige Menschen gab. Wir lernten auch, dankbar für die Gabe Gottes zu sein und die mütterliche Arbeit der Essenszubereitung zu schätzen. An diesem Küchentisch kamen auch nachmittags oder an Feiertagen andere Menschen zum Tee dazu: die alleinstehende Nachbarin oder Freunde und Freudinnen von uns Kindern. Alle drängten sie manchmal um dieselbe kleine Tischplatte herum. Ich weiss wirklich nicht mehr, wie das funktioniert hat. Aber irgendwie konnte man immer noch irgendwo die Tasse hinstellen. Der Küchentisch war Lern- und Erfahrungsort. Er bedeutete für mich: Nahrung, Beziehung und Worte, die halfen, das Leben zu deuten, Welt zu erfahren.

Welch wichtigen Platz diese Drehscheibe in meinem Alltag einnahm, bekam ich von Zeit zu Zeit deutlich zu spüren. Eine ferne Bekannte meiner Eltern hatte nämlich die Gepflogenheit, bei ihren geschäftlichen Reisen immer – unangemeldet wohlverstanden – vor dem Mittagessen bei uns hereinzuplatzen. Bei der Gastfreundschaft meiner Eltern konnte sie sicher sein, dass sie ein gutes Mittagessen erwarten konnte. Ich kann mich nicht erinnern, dass sie jemals nur eine Kleinigkeit mitgebracht hätte. Dennoch war bei uns die Gastfreundschaft selbstverständlich. Doch ich bekam sie zu spüren: Denn ich musste wegen Platzmangel (es hatten eben nur fünf Teller Platz) der Bekannten meinen Essenplatz überlassen und mein Essen alleine in meinem Zimmer einnehmen. Der Wechsel traf mich, weil ich einen privilegierten Platz am Fenster hatte und einen Stuhl mit Lehne. Diesen bot man dem Gast an. Das schmerzte mich jedes Mal: alleine zu essen und diesen Austausch nicht zu haben. Der Tag war mir verdorben. Irgendwann, als ich grösser war und die Bekannte immer noch auftauchte, drückte ich meine Gekränktheit aus. Meine Eltern hatten Verständnis: Von da an durfte ich auch dann am Tisch bleiben, wenn die Bekannte auftauchte; sie wurde höflich gebeten, ein bisschen zu warten, bis auch sie zusammen mit der Mutter essen konnte. Ich erinnere mich, wie dankbar ich damals meinen Eltern für die weise Regelung gewesen war.

Diese Geschichte und die Bedeutung unserer damaligen Essensgemeinschaft sind mir in den Sinn gekommen, als ich mich ein erneutes Mal mit der Speisungsgeschichte auseinandergesetzt habe. Jesus lässt die Menschen zu Tischgemeinschaften lagern. Das griechische Wort für Menge *ochlos* deutet einen ungeordneten Haufen an. Die Essgemeinschaften sind hingegen übersichtlich. Sie laden ein, dass Menschen sich nicht als Haufen erleben, sondern als beziehungshafte Menschen. Die Essensgruppen werden im griechischen Originaltext *prasia* genannt. Der Ausdruck bedeutet eigentlich Gemüsebeete.[14] Die Menschen setzen sich also wie wohlangeordnete Gemüsebeete zusammen. Womöglich spielt das auf eine Stelle im Talmud an (eine jüdische Überlieferung von Kommentaren, Diskussionen, Analysen zu den heiligen Texten), wo diejenigen, die sich mit der Thora beschäftigen und in diese Tradition eingepflanzt sind, mit Gartenbeeten verglichen werden.[15] Die Thora umfasst die fünf Bücher Mose. Sie sind im Judentum zentrales Heiliges

Schrifttum. Es sind Weisungen zum Leben. Bei uns sind sie Bestandteile des Ersten Testaments der Bibel. Es ist jüdische Praxis seit jeher, sich lebendig mit der Bedeutung der heiligen Texte auseinander zu setzen. Auch Jesus als Jude und Rabbi hat dies nicht anders getan. Zu lernen und zu lehren in Bezug auf das Wort Gottes ist zentral. Die Menschen, die sich zu Gemüsebeeten zusammensetzen, sind also auch Thorahungrige, wissbegierige, lernende Menschen. Dass es fünf Brote und zwei Fische sind, bekräftigt diese Annahme: Fünf als Hinweis auf die fünf Bücher Mose, die als Lebensweisung schlechthin galten, zwei als Hinweis auf die Bundestafeln von Mose mit den Geboten, die das geordnete Zusammenleben betreffen. Die Essensgruppe soll das Lernen und Lehren über Leben und Glauben ermöglichen. Brot und Erkenntnis gehören hier zusammen. Die Menschen sollen nicht abgespeist werden, sondern satt an Leib und Seele. Ich jedenfalls habe dabei auch den lebhaften Kreis von Menschen am kleinen Küchentisch meiner Kindheit vor Augen.

Diese Speisungsgeschichte steht kontrastreich zu einer andern Essengeschichte. Vorgängig nämlich wird die schreckliche Geschichte von der Ermordung von Johannes dem Täufer am Hofe des Herodes erzählt. Jesus hat diese schockierende Nachricht erhalten. Johannes war ein bedeutender Umkehrprediger, der einen eigenen Jüngerkreis gehabt hat. Jesus, so wird berichtet, hatte sich von ihm taufen lassen. Die Kritik von Johannes an den Mächtigen wurde ungern gehört. Er kritisierte zum Beispiel Herodes für seine Heiratspolitik.

Am Hof ist für Herodes ein orgiastisches Geburtstagsfest im Gange, ein höfisches Gelage, an dem Essen in rauen Mengen aufgetragen wird. Wichtige Gäste liegen hier am Tisch. Hier wird nicht gehungert. Überfluss ist da. Die Dekadenz ist mit Händen greifbar. Herodes hat durchaus auch noch einen andern Hunger: Es wird berichtet, dass er Johannes gerne zuhört. Das Fest findet seinen Höhepunkt darin, dass Salome, die Tochter der neuen Frau des Herodes, berauschend tanzt. Herodes und seine Gäste sind hingerissen. Herodes bietet ihr an, ihr bis zur Hälfte seines Reiches jeden Wunsch zu erfüllen. Auf Geheiss ihrer Mutter jedoch fordert sie den Kopf des Johannes, des bereits gefangenen Kritikers, auf einer Servierplatte. So geschieht es. Johannes der Täufer wird ermordet, sein Kopf den Gästen vorgeführt. Diese Essensgemeinschaft ermöglicht nicht Leben. In ihr findet sich Verrat, Intrige, Ausbeutung der Armen, Beziehungslosigkeit, Folter und Tod. Wie jene dunkle Wolke weist diese Geschichte auf das ähnliche Schicksal von Jesus hin. Es ist eine Bestätigung dafür, unter welcher Gefahr er selbst predigt und wirkt. Dennoch kommt gerade in dieser Essengeschichte Jesu Kritik an den Hirten vor, an den politischen und religiösen Führern, die das Volk schlecht weiden und versorgen. Ungeordnete, herumirrende Schafe sind dem Tod geweiht. Die Menschen von damals verstanden dieses Bild rasch. Jenseits von der Essgemeinschaft, die auch Lebenslerngruppe ist, herrscht lebensfeindliches Chaos.

Jesus und die Jünger brauchen Ruhe; sie haben nicht einmal Zeit gefunden, selber zu essen. Sie befinden sich an einem abgeschiedenen Ort. Doch die Menschen suchen sie auf, fahren und gehen ihnen nach. Angesichts seiner eigenen bedrohten Situation versäumt Jesus keine Gelegenheit, um die Menschen über das Leben und was Gott darin bedeutet, zu lehren. Er lehrt sie aber so, dass sie selbstständig werden und erkennen, was sie gegen die eigene Hilflosigkeit tun können, wie sie sich in Beziehung nähren können. Sie sollen und können nicht von ihm abhängig werden. Diese Essengruppen, diese *Gemüsebeete*, sind daher ganz zentral.

Gewiss steckt in dieser Geschichte auch der Aspekt des Teilens. Ohne diese Bereitschaft, den eigenen Egoismus zu überwinden, können tatsächlich keine hungrigen Menschen gesättigt werden. Brot und Fisch sind zunächst Nahrungsmittel. Was die reale Nahrung betrifft, können wir ja nur feststellen: Niemand auf der Welt müsste Hunger leiden. Es ist genug da für alle. Aber die ungerechten Wirtschaftsstrukturen, die wir alle mittragen und von denen wir alle profitieren, teilen die Menschen in satte, übersatte oder hungernde

Menschen auf. Hier schlägt immerhin das Konzept von *Fair-Trade*, dem gerechten Handel, einen Weg vor, auf dem mehr Menschen von ihrer Arbeit leben können. Es ist an uns, dies zu einer starken Bewegung zu machen, aus der noch mehr Engagement für die Hungernden dieser Welt wächst. Angesichts der Projekte, die Hilfswerke in den Hungergebieten dieser Welt aufbauen, bekommen auch die Essensgruppen in dieser Wundergeschichte eine überraschende Aktualität. Dort, wo zum Beispiel Frauen angewiesen werden, Saatbanken einzuführen, die sie gemeinsam verwalten, um sich damit von internationalen Konzernen unabhängig zu machen, können wir solche *Gemüsebeete*-Lerngruppen durchaus ausmachen. Die Frauengruppen müssen sich zuerst bewusst machen, dass ihre Abhängigkeit von internationalen Konzernen sie in die Armutsspirale treibt. Sie müssen im Austausch lernen, dass sie durch Organisation eine neue Unabhängigkeit von den Konzernen gewinnen können. Ähnliches gilt für die Projekte mit Kleintieren: Frauen erhalten zwei Ziegen und verpflichten sich, zwei Junge dieses Tierpaares an andere Frauen weiterzugeben, damit diese sich wiederum ihre Existenz sichern können. Darin steckt die lebensfördernde und wirklich nährende Kraft von organisiertem Teilen. Austausch und Weiterbildung, Mut machen und Trost sprechen gehören ebenso dazu, wie Gott zu danken und zu loben, so wie es uns vor einer Woche der Weltgebetstag aus Kamerun gezeigt hat.

Doch oftmals sind wir *Es-ist-nicht-genug-Menschen*! Ich habe nicht genug von diesem und jenem, oder auch: *Ich bin nicht genug* oder *du bist nicht genug*. Gehen wir zu sehr vom Defizit aus und nicht von dem, was bereits vorhanden ist? Manchmal ist es ganz ähnlich wie im Märchen *Vom Fischer und seiner Frau* und dem Zauberfisch, der Wünsche erfüllt. Nie ist es genug. Immer ist der Hunger nach mehr da. Am Ende steht das Fischerpaar wieder in der alten Hütte. Wir sind nie reich genug, weil wir immer sehen können, was uns fehlt, oder fehlen wird. Jesus kehrt diesen Blick in dem Speisungswunder um: Er nimmt, was vorhanden ist. Alle haben genug. Die wunderbare Erfahrung besteht in dieser Haltung und in dieser Praxis, die zum Leben hilft, die an Leib und Seele satt macht. Das ist zwar kein wirtschaftliches Konzept. Aber es ist eine Grundhaltung, die zu einem neuen wirtschaftlichen Denken führen kann. Und indem Jesus das Vorhandene nimmt und sogar Menschen mit leeren Händen vor sich hat, spitzt er diese Haltung zu. Es duldet keinen Aufschub. Es gibt genug. Und Menschen mit *leeren* Händen haben schliesslich Fähigkeiten, die sie einsetzen können. In den überschaubaren Organisationen können sie Zukunft gestalten. So lädt diese Speisungsgeschichte ein, uns niederzulassen in Lerngruppen, die eine neue Lebenshaltung schulen, von der alle satt werden, an Leib und Seele. Dies ist das eigentliche Wunder.

Manche Wunder geschehen ganz im Verborgenen. Wie bei jener Frau im mittleren Alter, die per Zufall in einem Altersheim einen Bekannten antrifft, der dort traurig und einsam sein Alter fristet. Sie beschliesst, diesen Menschen nun öfters aufzusuchen. Mehrmals in der Woche finden die Begegnungen statt. Die beiden Menschen nähern sich an und fühlen, dass sie völlig unerwartet einander zum Geschenk werden: Trostpunkt und Begleitung im Alter für den alten Mann, Geborgenheit und väterliche Liebe für die Frau, die in ihrer Kindheit keine lebendige Essens- und Lerngruppe und keine elterliche Liebe erfahren hat. Zwei Menschen begegnen sich am Tisch im Altersheim mit leeren Händen; ihre Begegnung und Beziehung füllt und bereichert, macht beide reich. Als der alte Mann stirbt, ist sie bei seinem letzten Atemzug dabei.

Das ist das Beziehungswunder, von dem Jesus spricht. Hinter den Worten *Und alle assen und wurden satt* steht eine grosse Einladung zum Reich Gottes auf Erden.

14. März 2010, 4. Fastensonntag

6. SCHLARAFFENLAND

8 1 Das ganze Gebot, das ich dir heute gebe, sollt ihr halten und danach handeln, damit ihr am Leben bleibt und zahlreich werdet und in das Land kommt und es in Besitz
nehmt, wie es GOTT* euren Vorfahren geschworen hat. 2 Und du sollst dich erinnern an
den ganzen Weg, den dich GOTT*, dein Gott, vierzig Jahre lang geführt hat in der Wüste,
um dich demütig zu machen und zu erproben und um zu erkennen, wie du gesinnt bist, ob
du seine Gebote halten wirst oder nicht. 3 Er machte dich demütig und liess dich hungern
und speiste dich dann mit Manna, das du und deine Vorfahren nicht gekannt hatten, um
dir zu zeigen, dass der Mensch nicht allein vom Brot lebt. Sondern von allem, was auf Befehl GOTTES* entstanden ist, lebt der Mensch. 4 In diesen vierzig Jahren sind die Kleider
an dir nicht zerfallen, und deine Füsse sind nicht angeschwollen.

5 So erkenne in deinem Herzen, dass dich GOTT*, dein Gott, erzieht, wie einer seinen
Sohn erzieht, 6 und halte die Gebote GOTTES*, deines Gottes, indem du auf seinen Wegen gehst und ihn fürchtest, 7 denn GOTT*, dein Gott, bringt dich in ein gutes Land, ein
Land mit Wasserbächen, Quellen und Wasser, das in Berg und Tal hervorströmt, 8 ein
Land mit Weizen, Gerste, Reben, mit Feigen- und Granatapfelbäumen, ein Land mit Öl-
bäumen und Honig, 9 ein Land, in dem du dich nicht kümmerlich nähren musst, in dem es
dir an nichts mangeln wird, ein Land, dessen Steine Eisen sind und in dessen Bergen du
nach Erz graben kannst. 10 Und du sollst dich satt essen, und du sollst GOTT*, deinen
Gott, loben für das gute Land, das er dir gegeben hat. **Deuteronomium 8,1-10**

Schlaraffenland! Nehmen Sie sich jetzt doch in einer kurzen Stille einen Moment Zeit, die Bilder zu vergegenwärtigen, die Ihnen dazu aufsteigen! Vielleicht passen Ihre Gedanken zum Schlaraffenland zu meinen Erinnerungen?

Als Kind habe ich ganz fasziniert Bilder dieses Fantasielandes betrachtet: Da gab es Menschen, die sich durch einen Berg von Brei hindurchessen müssen, um ins Schlaraffenland zu gelangen, Tauben, die bereits gebraten und gewürzt herumfliegen und den Leuten direkt in den Mund sausen, lebendige Schweine, denen essbereit bereits Messer und Gabel im Fleisch stecken, Weintrauben, die den liegenden Leuten in den Mund hineinreichen,

Kleider, die auf dem Bäumen wachsen. Es sind solch märchenhafte Bilder, die mir spontan in den Sinn gekommen sind, als ich das Thema für heute zu bearbeiten begonnen habe. Solche Fantasien standen besonders im Mittelalter in Kontrast zur erlebten Realität. Die Vorstellungen einer Gegenwelt hatten eine Art Ventilfunktion. Hier konnte man die Seele baumeln lassen und den harten Alltag hinter sich lassen. Aber die Geschichten waren zugleich auch kritischer Spiegel für die herrschende Gesellschaft. Kein Wunder: Im Schlaraffenland werden alle satt, Arme und Reiche; alle haben Zugang zum feinen Essen, das in der Realität nur den Reichen vorbehalten war. Fleisch und Wein spielen daher eine zentrale Rolle für Menschen, die sich täglich von Getreidebrei ernähren mussten! Für Leute, für welche Schuhe an den Füssen oder ein ordentliches Kleid in unerreichbarer Ferne lag, war es eine wunderbare Fantasie, dass man das alles in Samt und Seide lediglich von den Bäumen pflücken könnte. Und schliesslich ist im Schlaraffenland alles freier. Gebote und Gesetze sind hinfällig, die Sexualität ist freizügiger. Die Kirche, die im Mittelalter lebensbestimmend war, hat hier keine Macht. Schalkhaft werden da etwa auch essbare Klöster phantasiert, mit denen man sich den Magen füllen kann. Und schliesslich darf der Mensch Müssiggänger sein, weil die alltäglicher Plackerei, der Kampf ums Überleben, wegfällt! Die Existenz harter Arbeit wurde dem einfachen Volk als Folge des Sündenfalls gepredigt. Dies wird im Schlaraffenland abgeschafft. Dennoch gehört das Schlaraffenland irgendwie auch zum Paradies. Man gelangt in das ersehnte Land, wenn man sich durch den Berg von Hirsebrei, Schweinemist oder durch einen Berg von Eis und Schnee hindurchgearbeitet hat.

Die Bibel hat in ihren Erzählungen durchaus Material für diese späteren Fantasien geliefert. Zum einen war es die Erzählung vom paradiesischen Garten im Buch Genesis, wo dem Mensch alles, mit Ausnahme der Tiere und der Früchte vom verbotenen Baum, zum Essen zur Verfügung steht. Pate gestanden für das Schlaraffenland hat auch die Rede vom verheissenen Land, dort *wo Milch und Honig fliesst*. Das essbare Land ist ein Sinnbild für ein Land, in dem kein Mangel und kein Hunger herrschen! Anders aber als in den mittelalterlichen Schlaraffenlandvorstellungen, wo Gott keine Rolle spielt und keine Macht hat, ist Gott hier jener, der dem Volk Israel das Land verheisst und schenkt. Dieser Gott wird untrennbar mit solch essbarem Land verknüpft. In diesen Texten begegnen wir also wie kaum an einer andern Stelle der Bibel einer Theologie des Essens. Halten wir hier nochmals inne! Gibt es eigentlich auch heutige Vorstellungen vom Schlaraffenland? Wie würde für jede und jeden von Ihnen heute Ihr ganz persönliches herrliches Fantasieland aller Möglichkeiten aussehen? Oder können wir gar nicht mehr in solcher Fantasie schwelgen, weil wir alles bereits in Griffnähe haben? Ich versuche, ein paar Ideen aufzuzeigen:

Würde ein Schlaraffenland von heute vielleicht der Ort sein, wo der Mensch in der Hektik des Alltags den totalen Unterbruch erfährt, die Insel, wo das Rad des Alltags still steht? Dafür würde sprechen, dass ungewollte Unterbrüche, unblutige Katastrophen (wie in den letzten Tagen beim isländischen Vulkanausbruch, der in Europa den Flugverkehr lahmgelegt hat), längst nicht nur zu schimpfenden und verärgerten Menschen führen, sondern zeitweilig zu aufgekratzten Menschen, die beinah glücklich scheinen, dass nichts mehr geht! Ein gewaltiger Schneeeinbruch, ein *Super-GAU* bei der Bahn: Kein Muss und kein Kann mehr zu haben, das kann der Mensch von heute auch als momentane Entlastung und Glückseligkeit erleben!

Eine weitere Anregung: Wäre unsere Fantasie vom Schlaraffenland im Gegensatz zu den mittelalterlichen Vorstellungen zu suchen, nämlich im Verzicht, im einfacheren Leben, in der Rückbesinnung auf das Wesentliche, um der erlebten Überfülle, die auch belastet, zu entrinnen? Wäre es dann eher Masshalten statt Masslosigkeit? Oder: Wäre es verlockend, nicht mehr arbeiten zu müssen, oder sich nicht mehr an Regeln zu halten? Möchten wir uns an einem Jungbrunnen laben können und ewig jung sein? Würden wir Dinge tun wollen, die wir uns verboten haben oder die wir verpasst haben? Würden wir neue Dinge lernen, Flamenco tanzen, reiten, Schach spielen, in einer

Rockband spielen? Würden wir uns verlieben wollen, Nächte durchtanzen, Kuchen essen, ohne zuzunehmen? Würden wir ohne Mühen ein Studium machen wollen oder eine berühmte Sängerin werden? Hätten wir gerne grenzenlos Liebschaften ohne Komplikationen und ohne moralische Verurteilungen? In welches persönliche Schlaraffenland würde uns unsere Phantasie also führen?

Ich habe mich kürzlich gefragt: Was würden jene Jugendlichen fantasieren, die immer wieder unseren Kirchgarten verwüsten, die Äste von Bäumen abwürgen und Abfall zerstreuen, die Blumen abreissen und Gemäuer und Lampen demolieren oder Essen achtlos fortwerfen? Was wäre wohl ihre erste Antwort in der Gruppe, ihre zweite Antwort im persönlichen Gespräch? Erleben diese Jugendlichen in einer materiellen Hinsicht gar ein Zuviel an Essen, Bekleidung, Technik, Möglichkeiten? Besteht deshalb ihre hilflose Reaktion gar darin, diesem Dauer-Schlaraffenland Zerstörung entgegen zu setzen? Wäre das Schlaraffenland dieser jungen Menschen vielleicht ein Ort, wo Erwachsene mehr Zeit und Geduld für sie haben und Orte, wo sie nicht immer um Bestätigung kämpfen müssten?

Sie sehen: Gedanken um das Schlaraffenland, um die Gegenwelt zur Realität, ist nicht blosse Spielerei. Sie sagen etwas über die erlebte Realität aus: über unsere Gesellschaft, unser Leben und unsere Befindlichkeit. Gerade Fantasien und Utopien interpretieren die Realität.

Doch kehren wir zum biblischen Schlaraffenland aus dem 5. Buch Mose zurück! Die Wüste, durch welche die Mosegruppe vierzig Jahre gegangen ist, ist in der Erinnerung der Ort zwischen den *Fleischtöpfen Ägyptens* und dem neuen, verheissenen Land, *wo Milch und Honig fliesst.* Anders als die Fantasietexte vom Schlaraffenland spricht dieser Text wohl zu Menschen, die bereits in diesem fruchtbaren, realen Land Kanaan leben. Im Text aus dem Deuteronomium aber wird es als etwas noch Ausstehendes geschildert. Ich denke, dass es darum geht, dass das Volk Israel sich erinnern soll. Es soll niemals vergessen, wer der Geber dieses Landes ist. Die Erinnerung soll ihre Gegenwart beeinflussen.

In der Wüste, im ungeniessbaren Land, hat Israel auch die vernichtende Macht Gottes erlebt. Doch auch darin konnten die Wüstengänger erleben, dass Gott wie eine Mutter ernährt: Wasser aus einem Fels sprudeln, Manna vom Himmel regnen und Wachteln zuhauf nieder fliegen liess. In diesem Sinne entspricht sogar die Wüste dem Schlaraffenland; in einem deutenden Rückblick war da keine Arbeit zur Beschaffung von Nahrung notwendig gewesen. Doch im verheissenen Land gehört Arbeit dazu: Sie ist allerdings keine mühselige Arbeit, keine, die allzu sehr *im Schweisse des Angesichts* stattfindet, wie es die Paradiesesgeschichte verheisst. Die Fülle ist bereits da. Wichtig ist in diesem 8. Kapitel des 5. Buch Mose folgende Ermahnung:

Und du sollst nicht denken: Meine Kraft und die Stärke meiner Hand haben mir diesen Reichtum erworben. (Dtn 8,17)

Das ist im Text der zentrale Satz. Ich denke, darüber könnten wir lange nachsinnen. Er ist nämlich ein Bollwerk gegen Hochmut, gegen eine Auffassung, die sagt: *Ich habe alles aus eigener Kraft aufgebaut.* Oder gegen eine Haltung: *Mir steht das alles zu, ich habe ein Recht darauf.* Oder wie es ein Manager einer grossen Schweizer Bank mit seinen 70 Millionen Boni sagte: *Es ist gerechtfertigt, weil ich gut gearbeitet habe.* Dies widerspricht ja auch der Realität. Wie viele Menschen in dieser Welt leisten gute oder sehr gute Arbeit und haben gar nicht die Möglichkeit, sich so zu bereichern! Im Spiegel des biblischen Textes müsste man auch sagen: Kein Reichtum ist das Werk des Menschen allein. Das können wir ja nicht nur als einen theologischen Satz auffassen, sondern auch als Abbild aller Abhängigkeiten. Niemand erwirtschaftet seinen Reichtum allein aus dem Nichts.

Die biblische Vorstellung vom Schlaraffenland hält fest: Alle (hier: ganz Israel) sollen vom Besten haben. Die soziale Gleichheit – hier vor allem in Bezug auf Nahrung – gehört zum verheissenen Land dazu. Doch sie muss immer wieder neu hergestellt werden. Deshalb mündet der Text in das Hören auf die Gebote Gottes, die Lebensmittel *(Mittel zum Leben)* sind für das soziale Zusammenleben. Das verheissene Land hat soziale Konsequenzen!

Es ist aber gerade das alltägliche Essen, das dies zu verinnerlichen und zu vergegenwärtigen helfen kann. Hier, bei der Nahrungsaufnahme, ist der Ort des Erinnerns: im Kauen, Geniessen, Schlucken. Hier wird der Gott verinnerlicht, der in der Wüste wie eine Mutter ernährt und das fruchtbare, essbare Land gegeben hat. Und das mündet in Handlung, die uns alle in Verantwortung nimmt: Das Segensvolle, das der Mensch empfängt, soll er zurückfliessen lassen, so dass andere Lebewesen Segenvolles und Gutes empfangen können. Damit segnen wir Menschen Gott und partizipieren an einem Kreislauf des Segens.

Du deckst mir den Tisch
im Angesicht meiner Feinde.
Du salbst mein Haupt mit Öl,
übervoll ist mein Becher.
Güte und Gnade werden mir folgen
alle meine Tage,
*und ich werde zurückkehren ins Haus GOTTES**
mein Leben lang. (Psalm 23,5f.)

25. April 2010

7. ROSINENKUCHEN FÜR DEN FRIEDEN

5 1 Und Samuel starb, und ganz Israel versammelte sich und hielt die Totenklage um ihn, und sie begruben ihn in seinem Haus in Rama. Und David machte sich auf und zog hinab in die Wüste Paran.

2 Und es war ein Mann in Maon, der verrichtete seine Arbeit in Karmel, und der Mann war sehr wohlhabend, ihm gehörten dreitausend Schafe und tausend Ziegen. Und er war gerade dabei, in Karmel seine Schafe zu scheren. 3 Und der Name des Mannes war Nabal, und der Name seiner Frau war Abigajil. Und die Frau hatte einen klugen Verstand und war von schöner Gestalt, der Mann aber war hart und boshaft, er war ein Kalebbiter.

4 Und David hörte in der Wüste, dass Nabal dabei war, seine Schafe zu scheren. 5 Da sandte David zehn junge Männer aus, und David sagte zu den Männern: Zieht hinauf nach Karmel, und wenn ihr zu Nabal kommt, sollt ihr ihn in meinem Namen nach seinem Wohlergehen fragen. 6 Und so sollt ihr sprechen: Zum Gruss, Friede dir, Friede deinem Haus und Friede allem, was dir gehört! 7 Und nun habe ich gehört, dass du Scherer hast. Nun waren die Hirten, die zu dir gehören, bei uns, man ist ihnen nicht nahegetreten, und nichts ist ihnen abhanden gekommen, solange sie in Karmel waren. 8 Frage deine Männer, damit sie es dir berichten und damit die Männer Davids Gnade finden in deinen Augen, denn wir sind an einem Festtag gekommen. Bitte gib deinen Dienern und deinem Sohn, David, was du gerade zur Hand hast. 9 Und die Männer Davids kamen und sprachen mit Nabal im Namen Davids allen diesen Worten gemäss, und sie warteten.

10 Daraufhin sprach Nabal zu den Dienern Davids: Wer ist David? Wer ist der Sohn Isais? Heutzutage gibt es viele Diener, die ihren Herren davonlaufen. 11 Soll ich mein Brot und mein Wasser und was ich für meine Scherer geschlachtet habe nehmen und es Männern geben, von denen ich nicht einmal weiss, woher sie sind? 12 Da wandten sich die Männer Davids um, machten sich auf ihren Weg und kehrten zurück. Und sie kamen und berichteten ihm all diese Worte.13 Da sagte David zu seinen Männern: Jeder gürte sein Schwert um! Und jeder gürtete sein Schwert um, und auch David gürtete sein Schwert um. Und etwa vierhundert Mann zogen hinauf hinter David her, und zweihundert blieben beim Gepäck.

14 Einer von den Burschen aber hatte Abigajil, der Frau Nabals, berichtet: Sieh, David hat Boten aus der Wüste gesandt, um unseren Herrn zu segnen, er aber hat sie angeschrien. 15 Die Männer sind doch sehr gut zu uns gewesen, sie sind uns nicht nahe getreten, und uns ist nichts abhanden gekommen, solange wir mit ihnen umherzogen, als wir

auf dem offenen Land waren. 16 Bei Nacht und bei Tag waren sie eine Mauer um uns, solange wir bei ihnen die Schafe hüteten. 17 Und nun erkenne und sieh, was du tun kannst, denn das Unheil ist beschlossen über unseren Herrn und über sein ganzes Haus. Er aber ist zu ruchlos, als dass man mit ihm reden könnte.**1 Samuel 25,1-17**

Die Ouvertüre dieser Geschichte lässt den reichhaltigen Stoff erahnen, der Material genug bieten würde, einen dramatischen Film zu drehen: Auf der einen Seite steht ein reicher, ruchloser, arroganter Herdenbesitzer, auf der andern Seite ein gekränkter, wilder Mann, welcher der zukünftige König über Israel werden soll, ein vom Propheten Samuel Gesalbter, der wie der Held in einem Wildwestfilm die Abweisung Nabals bitter rächen will. Denn David hat mit seinen Männern dem besagten Nabal im offenen Gelände Schutz für dessen Vieh geleistet und hätte als Lohn für diese Arbeit die Einladung zum Fest der Schafschur gerne entgegen genommen. Dort könnten sich seine Männer – es sind wohl einige Hundert – den Bauch vollschlagen und sich auch reichlich mit Wein versorgen. Nun aber soll die arrogante Abweisung mit einem blutigen Vernichtungsschlag gegen Nabal und sein Haus vergolten werden. Und dazwischen steht sie: Abigajil, schön und klug, die Frau Nabals. Ihr Ruf ist bemerkenswert, denn einer der Burschen kommt zu ihr und fordert sie – die Frau! – auf, in diesem Streit der Giganten die Torheit ihres Ehemannes auszubügeln und die kommende Katastrophe zu verhindern.

Man muss es sich bildlich vorstellen, um zu erkennen, zwischen welchen Welten diese Abigajil steht: Es sind Männerwelten: Auf der einen Seite ist das Schafschurfest, wo sich die Männer betrinken und Obszönitäten mit dazu gehörten, auf der andern Seite die kriegerische Meute Davids, die ihnen entgegen zieht. Die bare Männlichkeit dieser Welten wird sogar durch die Sprache markiert. Die Neue Zürcher Bibel hat sich getraut, den hebräischen Wortlaut wörtlich wieder zu geben:

Gott tue den Feinden Davids an, was immer er will, wenn ich von allem, was ihm gehört, bis am Morgen etwas übrig lasse, was an die Wand pisst! (1 Sam 25,22)

Die schöne Abigajil steht zwischen diesen männlichen Lebenswelten und soll nun das sich anbahnende Unglück verhindern. Der Bursche traut ihr das jedenfalls zu. Die Szene legt nahe, dass sie die informelle Macht im Hausstand hat. Was aber kann eine Frau zwischen solchen Lebenswelten tun? Sie hat keine Macht, ihr Wort gilt offiziell nichts, ja, sie ist in diesen Welten an Leib und Seele gefährdet.

Doch sie zaudert nicht lange. Sie ist nicht eine Frau, die denkt: *Ich verstecke mich, ich vergesse, es ist alles nichts so schlimm.* Sie schätzt ein – und handelt. Wir lesen:

Da nahm Abigajil eilends zweihundert Brote, zwei Schläuche Wein, fünf zubereitete Schafe, fünf Sea geröstetes Korn, hundert Kuchen aus getrockneten Trauben und zweihundert Feigenkuchen und lud alles auf die Esel. Und sie sagte zu ihren Männern: Zieht vor mir her; seht, ich komme euch nach. Ihrem Mann Nabal aber teilte sie es nicht mit. (1 Sam 25,18f)

Es ist ein sehr reicher Gutsbetrieb, das Haus Nabals, dass Abigajil so viel an Essen zusammentragen kann. Mit diesem feinen Essen zieht sie den kriegerischen Rotten Davids entgegen. Es fällt auf, dass es heisst, dass sie *ihren* Männern den Befehl erteilt. Hier ist Abigajils grosser Einfluss im Landgut nochmals deutlich spürbar. Doch wie sollen Rosinenkuchen, Feigenkuchen und Wein kriegsgerüstete Männer von ihrem Vernichtungswillen abhalten? Ist Abigajil mutig, verwegen oder einfältig? Zumindest ist sie entschlossen. Da gibt es kein Zögern. Und sie ist realistisch: Der Vernichtungsschlag Davids würde nicht nur Nabal treffen, sondern das ganze grosse Hauswesen, Frauen und Kinder. Es würde auch sie als Unbeteiligte mit Vernichtung des bisherigen Lebens, mit Gewalt und Verschleppung oder Tod treffen. Das ist die perverse Gesetzmässigkeit jedes Krieges. Was also hat sie zu verlieren? Abigajil weiss: Hunger macht auch zornig. Das Essen ist eine Waffe im Kampf gegen solchen Zorn.

Einem Arbeitsbuch für Bibelarbeit entnehme ich dazu eine eindrückliche Geschichte aus unserer Zeit. Eine christliche deutsche Frauengruppe hatte mit dieser Geschichte Abigajils gearbeitet. Sie wirbelte Emotionen hoch. Eine Teilnehmerin blieb lange stumm, bis sie es wagte, folgende persönliche Geschichte, die ihr durch diese Textarbeit hoch gekommen war, zu erzählen. Ihr Erlebnis spielt sich in den letzten Kriegsjahren ab. Sie und ihre Mutter müssen sich in einer Jagdhütte verstecken, aus Angst, die feindlichen Soldaten könnten sie finden. Die Mutter hat grosse Angst, dass ihrer Tochter Gewalt angetan werden könnte. Lebensmittel und Decken haben sie schon viel früher in die Hütte gebracht. Lange bleiben sie denn auch unentdeckt. Doch eines Abends stehen plötzlich Soldaten mit gezückten Waffen in der Hütte. Einer der Soldaten ergreift das Mädchen. Die Frau erzählt weiter:

Meine Mutter zögerte keinen Moment. In aller Ruhe holte sie alles Essbare hervor, stellte irgendetwas zum Wärmen auf den Ofen, nötigte die Männer mit Gebärden sich zu setzen. Dem, der an meinen Kleidern zerrte, hielt sie ein Stück Kuchen hin, legte ihm dann die Hand auf seinen Magen und sagte immer wieder das Wort: „gut", mit einem langgezogenen „u". Und er liess ab, er liess wirklich los. Ich weiss nur noch, dass alle ganz friedlich assen, und dann gingen sie auch wieder. Als sie weg waren, schien alle Kraft von meiner Mutter gewichen. Tagelang hat sie nur einen Satz gesagt: „Ich kann nicht mehr, ich kann nicht mehr."[16]

Diese Geschichte könnte Emotionen wecken, insbesondere bei Frauen, die den Krieg wirklich miterlebt haben. Nicht alle Geschichten gingen so gut aus wie diese. In meiner früheren Gemeinde hat mir eine alte, ehemals deutsche Frau, die in die Schweiz geflüchtet war, ihre Geschichte der Flucht erzählt, von ihrer Begegnung mit russischen Soldaten, die ganz anders verlaufen ist. Sie hat sich später sogar durchgerungen, ihre Geschichte an einem

Abend in meiner Begleitung öffentlich zu erzählen. Die Geschichte jener Seminarteilnehmerin atmet zwar die grauenhafte Angst noch aus, aber sie erzählt von einem glücklichen Ausgang und von einer Abigajil-Mutter, die wusste, was in ihrer Macht zu tun stand, um die drohende Vergewaltigung ihrer Tochter abzuwenden. Denn das Essen und der volle Magen befriedigten hier die Soldaten. Das ist auch die Strategie der biblischen Abigajil.

David und seine Männer sind ja von einem Fest und damit von einem Schmaus abgehalten worden. Sie sollen nun verköstigt werden. Die Lebensmittel aber haben auch etwas Symbolisches. Feigen, Trauben, Wein – sie sind auch Inbegriff für das verheissene Land. Damit verbunden ist aber auch die Verantwortung, die Gebote Gottes, die der Gerechtigkeit und dem guten Zusammenleben dienlich sind, zu halten. Für David ist dies besonders relevant. Denn er ist vom Propheten Samuel, dessen Tod am Anfang des Kapitels nicht ohne Absicht erwähnt wird, gesalbt worden. David soll König von Israel werden und Gott und dem Volk dienen. Ob Abigajil mit den Lebensmitteln und ihrer Symbolik an Davids zukünftigen Auftrag erinnern will? Sie erscheint hier wie eine der grossen Propheten, wie eine Botin Gottes, die dem Gesalbten den Friedensweg weist.

Zunächst aber hat sie einen wutentbrannten Mann vor sich, der zu allem bereit ist. Da kann sie nicht einfach sofort mit ihren Rosinenkuchen auffahren. Sie geht offen und direkt auf den Konfliktpartner zu. Was Abigajil nun schrittweise tut, kann man als meisterhafte Kunst, einen Konflikt zu besänftigen, bezeichnen: Als sie auf ihn trifft, wirft sie sich nieder und entschuldigt sich für ihren törichten Mann. Das soll das Gemüt als Erstes besänftigen. Dass sie dabei abfällig von ihrem Mann Nabal spricht, sticht ins Auge. Ist es Taktik oder wirkliche Verachtung? Nun beginnt sie zu argumentieren: *Wenn du, David, uns alle umbringst, dann bist du nicht besser als Nabal.* Erst jetzt weist Abigajil auf ihr Geschenk hin, auf das Essen, das sie mit ihren Eseln mitgebracht hat. Es soll die Meute besänftigen und die redliche Absicht ihrer Rede leiblich bekräftigen. Diesem leibhaftigen Segen fügt sie einen Segen für die Seele hinzu. Es ist einer der anschaulichsten Segen in der Bibel:

Und erhebt sich ein Mensch, um dich zu verfolgen und dir nach dem Leben zu trachten, so möge das Leben meines Herrn verwahrt sein im Verwahrungsbeutel der Lebenden bei GOTT, deinem Gott. Das Leben deiner Feinde aber schleudere er fort mit der Schleuderpfanne!* (1 Sam 25,29)

Ein sprühender Segen! Verwahrt zu sein in einem Beutel, wo alles Leben ist, ist auch ein ausgesprochen mütterlicher Segen. Doch nicht genug: Sie verflucht die Feinde Davids (zu denen ja auch ihr Mann gehört!) und argumentiert verstärkend: *Wenn du König werden wirst, dann mach dich jetzt nicht schuldig und vergiesse nicht grundlos Blut!* David, selbst als klug und schön gepriesen, hört auf sie. Er zeigt Grösse, indem er einer Frau gegenüber seinen Irrtum und sein Fehlverhalten eingesteht.

Moderne Theorien über Konfliktbewältigung können teilweise an dieser Szene bestätigt werden, obwohl der Text ein Alter von mindestens zweieinhalbtausend Jahren oder erheblich mehr hat! Abigajil nimmt die Wut Davids ernst, sie deeskaliert, indem sie die eigene Schuld (bzw. die ihres Mannes) eingesteht und David übergibt, was ihm zusteht. Sie segnet ihn, das heisst, sie eröffnet ihm eine gute Zukunft. Erst dann beginnt sie, raffiniert den Grund ihres Kommens einzubringen, indem sie David darauf aufmerksam macht, dass es einem zukünftigen König nicht gut anstehe, sich mit Blut zu beflecken. Und ganz am Schluss erinnert sie David sachte daran, dass er ihr etwas schuldig sein könnte. David wird gezeichnet als ein einsichtiger Mann, der seine Fehler offen eingestehen kann und der auch Dankbarkeit zeigt, dass ihm diese Frau dazu verholfen hat. Damit ist auch ein sehr eindrückliches, männliches Vorbild gezeichnet. Nun segnet er auch sie:

Da sprach David zu Abigajil: Gelobt sei GOTT, der Gott Israels, der dich mir am heutigen Tag entgegengesandt hat. Und gesegnet ist deine Klugheit,* *und gesegnet bist du, dass du mich am heutigen Tag davon abgehalten hast, in Blutschuld zu geraten und mir mit eigener Hand zu helfen.* (1 Sam 25, 32f.)

David nimmt ihr Essen an. Das Essen besiegelt somit den Friedensakt. In ganz anderer Form hat diese Art des Friedenstiftens Schule gemacht. Mir ist dabei ein Beispiel in den Sinn gekommen, das mich vor etwa neun Jahren sehr beeindruckt hat. Das Amsterdamer Quartier Overtoom hatte ein grosses Problem mit marokkanischen Migranten, die das Quartier terrorisierten. Da beschlossen ältere Bewohner des Quartiers, dass es so nicht weitergehen könne. Sieben marokkanische Väter gründeten den Verein *Buurtvaders* (Nachbarschaftsväter). Belächelt von der Polizei, die sie gewähren liess, machten sich die marokkanischen Väter auf, um von acht Uhr abends bis ein Uhr morgens in der Gegend zu patrouillieren und ein Auge auf die Jugendlichen zu werfen. In Schichten gingen sie durch das Viertel, grüssten die Jugendlichen, plauderten mit ihnen, brachten die jüngeren Kinder zurück nach Hause und sprachen die Eltern darauf an. Ein halbes Jahr später konnten sie einen Erfolg verbuchen: Die Zahl der registrierten Straftaten war um die Hälfte gesunken. Der Erfolg sprach sich in den ganzen Niederlanden herum. Sogar der marokkanische Premierminister kam zu Besuch, um die *Buurtvaders* zu besuchen.

Und hier knüpfe ich nochmals an meine letzte Predigt an, in der ich auf die jungen Menschen zu sprechen gekommen bin, die hier immer wieder unseren Kirchgarten sinnlos verwüsten. Was wäre hier eine Abigajil-Strategie? Ich habe eine Vision: Die Männer, insbesondere die jungen Männer in diesem Quartier, würden sich in einem Kurs in die Methode der Deeskalation einüben und analog zu den Amsterdamer Männern an Abenden und Wochenenden zu zweit die Jugendlichen aufsuchen, um sie ansprechen. Kontakt als *Rosinenkuchen* für den Frieden im Quartier!

Doch schauen wir, wie es unserer biblischen Friedensstrategin ergeht: Abigajil schaut in die Zukunft. Sie denkt auch an sich und will sich eine Türe offen halten, indem sie David bittet:

Wenn aber GOTT meinem Herrn Gutes tut, dann erinnere dich deiner Magd.* (1 Sam 25,31c)

Als Abigajil nach Hause kommt, ist Nabal mit seinen Leuten beim Festessen. Er ist völlig betrunken. Dieses Essen ist wie ein Kontrapunkt zum vorgängig beschriebenen Essen. Nabals Essen, das wie ein Gastmahl eines Königs beschrieben wird, zeugt von Verblendung, Torheit und Selbstüberschätzung. Nabal ist damit die Gegenfigur zu Abigajil. Und nochmals zeigt sie ihre Klugheit:

Am Morgen aber, als Nabal wieder nüchtern wurde, berichtete seine Frau ihm diese Dinge, und sein Herz starb in seinem Innern, und er wurde zu Stein. (1 Sam 25,37)

Mit andern Worten: Es trifft ihn der Schlag. Zehn Tage später stirbt er. Als David von Nabals Tod erfährt, erinnert er sich an Abigajil und holt sie zu sich als seine Frau. Abigajil gehört damit zu Davids Haus, aus dessen Linie nach der Tradition unser Menschenbruder Jesus hervorgegangen ist. Er hat Menschen an Leib und Seele genährt; er hat das Brot des Friedens ausgeteilt. Sein unblutiger Friedensweg jedoch wurde auch schon von Menschen vor ihm – wie von seiner Urahnin Abigajil – im Namen Gottes vorgezeichnet.

2. Mai 2010

8. FREUDENSCHMAUS

11 Und er sprach: Ein Mann hatte zwei Söhne.12 Und der jüngere von ihnen sagte zum Vater: Vater, gib mir den Teil des Vermögens, der mir zusteht. Da teilte er alles, was er hatte, unter ihnen. 13 Wenige Tage danach machte der jüngere Sohn alles zu Geld und zog in ein fernes Land. Dort lebte er in Saus und Braus und verschleuderte sein Vermögen. 14 Als er aber alles aufgebraucht hatte, kam eine schwere Hungersnot über jenes Land, und er geriet in Not. 15 Da ging er und hängte sich an einen der Bürger jenes Landes, der schickte ihn auf seine Felder, die Schweine zu hüten. 16 Und er wäre zufrieden gewesen, sich den Bauch zu füllen mit den Schoten, die die Schweine frassen, doch niemand gab ihm davon. 17 Da ging er in sich und sagte: Wie viele Tagelöhner meines Vaters haben Brot in Hülle und Fülle, ich aber komme hier vor Hunger um. 18 Ich will mich aufmachen und zu meinem Vater gehen und zu ihm sagen: Vater, ich habe gesündigt gegen den Himmel und vor dir. 19 Ich bin es nicht mehr wert, dein Sohn zu heissen; stelle mich wie einen deiner Tagelöhner.

20 Und er machte sich auf und ging zu seinem Vater. Er war noch weit weg, da sah ihn sein Vater schon und fühlte Mitleid, und er eilte ihm entgegen, fiel ihm um den Hals und küsste ihn. 21 Der Sohn aber sagte zu ihm: Vater, ich habe gesündigt gegen den Himmel und vor dir. Ich bin es nicht mehr wert, dein Sohn zu heissen. 22 Da sagte der Vater zu seinen Knechten: Schnell, bringt das beste Gewand und zieht es ihm an! Und gebt ihm einen Ring an die Hand und Schuhe für die Füsse. 23 Holt das Mastkalb, schlachtet es, und wir wollen essen und fröhlich sein! 24 Denn dieser mein Sohn war tot und ist wieder lebendig geworden, er war verloren und ist gefunden worden. Und sie fingen an zu feiern.

25 Sein älterer Sohn aber war auf dem Feld. Und als er kam und sich dem Haus näherte, hörte er Musik und Tanz. 26 Und er rief einen von den Knechten herbei und erkundigte sich, was das sei. 27 Der sagte zu ihm: Dein Bruder ist gekommen, und dein Vater hat das Mastkalb geschlachtet, weil er ihn gesund wiederbekommen hat. 28 Da wurde er zornig und wollte nicht hineingehen. Sein Vater aber kam heraus und redete ihm zu. 29 Er aber entgegnete seinem Vater: All die Jahre diene ich dir nun, und nie habe ich ein Gebot von dir übertreten. Doch mir hast du nie einen Ziegenbock gegeben, dass ich mit meinen Freunden hätte feiern können. 30 Aber nun, da dein Sohn heimgekommen ist, der da, der dein Vermögen mit Huren verprasst hat, hast du für ihn das Mastkalb geschlachtet.

31 Er aber sagte zu ihm: Kind, du bist immer bei mir, und alles, was mein ist, ist dein.
32 Feiern muss man jetzt und sich freuen, denn dieser dein Bruder war tot und ist lebendig geworden, war verloren und ist gefunden worden. **Lukas 15,11-32**

Zusätzliche Lesung: Jesaja 25,6-8

Wenn Feste gefeiert werden, dann wird gegessen und getrunken. Ein Fest ohne Essen und Trinken ist unvorstellbar. Sicherlich werden auch unsere anwesenden Tauffamilien nach dem Gottesdienst zusammensitzen, essen und trinken – wahrscheinlich alles unter einem etwas festlicheren Aspekt als sonst im Alltag. Wann aber tischen Sie das Beste und Kostbarste auf, dass Sie zu bieten haben? Den teuren Wein, der im Keller schlummert, den raren Likör, kostspielige Delikatessen oder ein aufwendiges Menu, das Sie viel Arbeitszeit kostet? Bei welcher Gelegenheit, bei welchen Menschen? Und warum? Die Gründe können vielfältig sein: Manchmal ist es lediglich ein Konkurrenzdruck zwischen Einladenden und Eingeladenen – man will sich dann nicht lumpen lassen – manchmal will man damit Lob einheimschen und Eindruck schinden, vielleicht auch jemanden bezirzen und verführen oder den Chef, die Chefin für die eigenen geschäftlichen Zwecke oder Ideen gewinnen. Und dann gibt es den besonderen Anlass, der all dies einfach wert ist – absichtslos. Man ehrt mit einem solchen Essen den Tag, das Ereignis, einen Menschen an sich.

Und genau dies geschieht in unserer biblischen Geschichte vom Verlorenen Sohn. Der Anlass: Der als tot geglaubte Sohn ist heimgekehrt! Ausgebrannt und abgemagert zwar und um seinen Erbteil leichter, den er in der Fremde mit üppigem Leben verprasst hat. Die einzige Reaktion des Vaters auf den freiheitsliebenden und heruntergekommenen Sohn ist, ihm seine Würde wieder herzustellen und seiner Freude über diese Heimkehr mit einem grossen Fest Ausdruck zu geben. Und dazu wird das Beste, das ein wohlhabender Hausstand damals zu bieten hatte, aufgetischt: das Mastkalb, das für besondere Anlässe und hohen Besuch gebraucht wurde.

Dieses bekannte Gleichnis mit einer berührenden Vaterfigur ist eine der grossartigsten Geschichten, die Jesus erzählt hat, und es ist darin so viel an Wesentlichem von seiner Botschaft enthalten, dass man immer wieder einen neuen Blick darauf werfen kann. Es ist gerade der Fokus auf das Essen, das uns die Geschichte bildlich nahe kommen lässt. In der Fremde kann der Sohn in Saus und Braus leben. Das ist das erste Essensbild! Er lässt es wahrlich krachen. Es ist eine Zeit der Üppigkeit. Wir können uns den jungen Mann vorstellen, wie er die neue Freiheit geniesst, wie der Wein in Strömen fliesst, wie vielleicht auch, wie der Bruder später vermutet, auch Frauen aus dem horizontalen Gewerbe eine Rolle spielen oder wie sich falsche Freunde an den Festessen und Saufgelagen bereichern. Und dann kippt es. Es kommt eine Hungersnot. Das zweite Essensbild lässt uns Nahrungsmangel, Elend, Leiden, Angst, Tod, Verlust von Mensch und Tier, Trauer, Demütigung assoziieren. Genau dies erlebt der junge Mann dort im Ausland. Der Abenteurer in der Fremde muss sich als Lohnsklave verdingen und Schweine hüten, wobei er nicht einmal deren Schoten essen darf! Das dritte Essensbild charakterisiert diesen Tiefpunkt seines Lebens.

Wer die Erfahrung eines solchen Scheiterns in seinem Leben schon mal gemacht hat, kann nachempfinden, was der biblische Begriff *verloren* und *tot* meint. Mit *tot* benennt die Bibel sehr oft nicht den physischen Tod, sondern einen sozialen Tod, oder den Zustand, nicht mehr handeln und wirken zu können, abgeschnitten zu sein von andern, verachtet, einsam zu sein. Oder er bezeichnet auch den Zustand eines Volkes, das unter einer Fremdherrschaft ausgeblutet wird.

Der junge Mann hat einiges für sein Elend selbst gewirkt, aber er ist auch durch die Hungersnot vom Schicksal heimgesucht worden. Er geht in sich und erinnert sich daran, dass sogar die Tagelöhner des Vaters Brot in Hülle und Fülle haben. Da spricht nicht nur sein hungriger Magen. Das vierte Essensbild ist eine Erinnerung an die Güte seines Vaters, der, mal abgesehen von der damals üblichen sozialen Pyramide, seine Tagelöhner anders behandelt als der reiche Bürger, bei dem der Sohn sich verdingt hat. Diese Erinnerung an die väterliche Güte und Gerechtigkeit ist wie ein Licht, das in sein erbärmliches Dasein hineinflutet und in ihm etwas auslöst. Wann aber ist der Moment da, wo ein Mensch seine eigene Verlorenheit erkennt und in sich geht, nach seiner Mitte sucht, um neu anzufangen? Haben Sie auch solche Erfahrungen? Kennen Sie den Moment der Erkenntnis, dass es so nicht mehr weitergehen kann?

Ein junger Mann, der durch seinen Alkoholismus tief gesunken war, hat mir erzählt, dass er genau in einem solchen Moment gespürt hatte – an einem Tiefpunkt seines Lebens – dass er entweder sich selbst und sein Beziehungsnetz verlieren werde oder dass etwas sich radikal wenden müsse. In diesem Moment spürte der Mann, der keineswegs besonders religiös ist, eine aufrichtende Kraft und ein Licht, das in sein Dunkel hineinflutete. Werden wir in solchen Momenten der Einsicht, der Erkenntnis, der Demut von Gott gefunden? Im Buddhismus würde man hier wohl auch davon sprechen, dass jemand gelernt hat, sein Ich loszulassen, das heisst, die Anhaftung an das Ego aufzugeben. Doch was löst eine solche Einsicht aus? Im Gleichnis ist es die erinnerte Güte des Vaters. Hat er sie damals überhaupt bemerkt? Hat sein Vater ihm nicht einfach die volle Entscheidungsfreiheit gewährt? Der Vater wird dieser Güte auch gerecht, als der Sohn heimkehrt. Er nutzt seine Macht nicht aus, um den reumütigen Heimkehrer mit Schuldgefühlen emotional an sich zu binden. Der Vater zeigt nur Freude! Und ein fröhliches Fest, mit Wein und Mastkalb soll diese Freude ausdrücken.

Diese grossartige Vaterfigur kann auch schmerzen. Denn wieviel wird auch heute in Familien durch unheilvolle emotionale Anbindungen gelitten, durch Erwartungen, die Eltern an ihre Kinder haben und welche die Kinder, auch erwachsene Kinder, innerlich binden und steuern können – über den

Tod der Eltern hinaus! Durch aufgezwungene Schuldgefühle, durch verletzte Scham, durch eine Liebe, die Abhängigkeiten fordert!

Das fröhliche Fest für den Totgeglaubten, ja die ganze Geschichte, ist für Jesus ein Gleichnis für das Reich Gottes, das heisst, für eine befreite Gesellschaft, die nicht nach unheilvollen Abhängigkeiten strebt, sondern nach Vergebung und Mitfreude. Diese Geschichte entspricht zutiefst Jesu Verständnis von Religion. Jesus kennt die alten Schriften seiner jüdischen Religion, zum Beispiel die Schriften des Propheten Jesaja. Dort wird in einer Vision das Freudenmahl für alle Völker ausgemalt:

Auf diesem Berg aber wird GOTT der Heerscharen allen Völkern ein fettes Mahl zubereiten, ein Mahl mit alten Weinen, mit fettem Mark, mit alten, geläuterten Weinen.*
Und verschlingen wird er auf diesem Berg
die Hülle, die Hülle über allen Völkern,
und die Decke, die über alle Nationen gedeckt ist.
Den Tod hat er für immer verschlungen,
und die Tränen wird GOTT von allen Gesichtern wischen,*
und die Schmach seines Volks wird er verschwinden lassen von der ganzen Erde,
denn GOTT hat gesprochen.* (Jes 25,6-8)

Das Festmahl mit der besten Nahrung, das Freudenmahl ohne Trauer und ohne Verstrickungen ist in der Bibel das Bild für befreites Lebens und für Gottes Welt. Diese Visionen sollen Menschen leiten, damit sie einen Horizont für ihr Leben haben und sehen, was es heisst, im Angesicht Gottes zu leben.

Jesus ist Realist. Er weiss um die Hindernisse dieser Vision. Sie wurzeln tief in uns selbst. Im Gleichnis sind sie im älteren Bruder verkörpert, der seinen Vater für seine Güte gegenüber dem Heimgekehrten anklagt. Dem pflichtbewussten und gehorsamen Bruder kommt das Fest für den Lebemann in den falschen Hals. Er wirft dem Vater vor:

Du weisst doch: All die Jahre habe ich für dich wie ein Sklave geschuftet, nie war ich dir ungehorsam. Was habe ich dafür bekommen? Mir hast du nie auch nur einen Ziegenbock gegeben, damit ich mit meinen Freunden feiern konnte. Aber da, dein Sohn, hat dein Geld mit Huren durchgebracht; und jetzt kommt er nach Hause, da schlachtest du gleich das Mastkalb für ihn! (Lk 15,29f.)

Der Vater begegnet dem zornigen, korrekten Sohn genauso liebevoll wie dem jüngern. Er wertet nicht zwischen den beiden gewählten Lebensarten. Aber an den älteren geht die Einladung, mitzufeiern, und sich nicht selbst durch Verbitterung und Selbstgerechtigkeit auszuschliessen und schliesslich *draussen* zu bleiben.

Der ältere Bruder verkörpert die Frommen und Unbescholtenen. Sie tadeln Jesus in Tat und Wahrheit immer wieder wegen seines Umgangs mit den *Verlorenen*, den Randständigen und nicht Korrekten, und stellen ihn in Frage – bis hin zu schweren Anklagen. Sie orten das Reich Gottes nur unter ihresgleichen: unter den Wohlanständigen. Ihnen erzählt Jesus diesen Teil des Gleichnisses. Sie sollen sich im älteren Bruder erkennen. Sie werden eingeladen, sich mitzufreuen, wenn Menschen, die nicht dieselbe Lebensweise wie sie haben, erfahren, wie Gott ist. Wir ahnen, dass diese unnachgiebige Haltung ihre eigene Verstrickung hat. Wer also ist in dieser Geschichte wirklich der verlorene Sohn? Das Gleichnis lässt offen, was der Bruder tut. Und damit bleibt dieser Wortwechsel zwischen Vater und älteren Sohn ein stetiger Spiegel für unsere eigenen Haltungen und Verurteilungen. Denn sind wir nicht oft blind für unsere eigenen Korsette, die uns von einem freudigen, befreiten Leben aussperren und uns sogar davon abhalten, uns mitzufreuen am Glück anderer?

In den Hunger- und Essensgeschichten der Bibel sind wir einer grossen Palette von menschlichem Verhalten begegnet, die mit dem Grundbedürfnis des Sattwerdens zu tun haben: Hungersnot und Emigration, Solidarität in der Not, Betrug und Hinterlist, versöhnlichen und protzigen Essgelagen, organisiertem Teilen des Vorhandenen, der Forderung nach sozialem Fasten, den sozialen Unterschieden im Urchristentum, die sich am Abendmahl entzünden, den Fantasien vom Schlaraffenland, dem Friedenstiften mit Rosinenkuchen und vielem mehr. Doch immer wieder sind uns die grossen Bilder des Festessens begegnet. Sie sind im Ersten und Zweiten Testament Ausdruck für die Güte Gottes und dafür, was es heisst, unter dieser Güte zu leben und das Leben danach auszurichten. Dies nimmt uns schliesslich in die Verantwortung: nicht nachzulassen, uns mit allen Mitteln dafür einzusetzen, den Hunger in der Welt zu bekämpfen. Dafür brauchen wir Kenntnisse politischer und wirtschaftlicher Zusammenhänge; viele gute Fachleute, gerade auch von kirchlichen Hilfswerken, tragen sie stets aktuell zusammen. In Zukunft wird es in manchen Gebieten der Welt nicht nur der Nahrungsmangel allein sein, sondern der Kampf ums Trinkwasser, das mächtige Konzerne privatisieren. Dazu gehört aber genauso, das eigene Konsum- und Essverhalten zu überdenken und eventuell zu verändern.

Die Geschichten der Bibel reden von der Lebensfülle, die Gott für alle Kreaturen, Mensch und Tier, vorgesehen hat. Sie erzählen auch vom Hunger nach dem Aufgehoben-Sein in der Gemeinschaft, nach Freundschaft und würdigem Leben. Sie erinnern daran, dass wir zur Freude geschaffen sind, wenn auch innerhalb der Gesetzmässigkeiten der Vergänglichkeit, die uns auch verletzlich macht. Was könnte es schöner ausdrücken als diese Verse aus dem Psalm 104:

Gras lässt er sprossen für das Vieh
und Kraut dem Menschen zunutze,
damit er Brot hervorbringe aus der Erde
und Wein, der des Menschen Herz erfreut,
damit er das Angesicht erglänzen lasse von Öl
und Brot das Herz des Menschen stärke. (Psalm 104,14f.)

18. Juli 2010

ANMERKUNGEN

[1] *Brot für alle*, Werkheft Gottesdienste 2007, S.20. Kampagne: Wir glauben. Arbeit muss menschenwürdig sein. Autor des Dialogs „Spannung auf der Chefetage“: Siegfried Arends. Mit freundlicher Abdruckgenehmigung von *Brot für alle.*

[2] Das französische Verb *glaner* bedeutet *Nachlese halten, stoppeln gehen. Glaneuses* sind somit Frauen, die zur Nachlese der Ernte gehen, aus den Stoppeln des Feldes die liegen gelassenen Ähren auflesen.

[3] Das Interview führte Doro Winkler, Fachstelle Frauenhandel und Frauenmigration. Veröffentlicht ist das Interview im FIZ Rundbrief Nr. 34 „Migrantinnen in der Sexarbeit“, Mai 2004.
Mit freundlicher Abdruckgenehmigung.

[4] *Brot für alle*, Agenda der Kampagne 2007: Wir glauben. Arbeit muss menschenwürdig sein. Die Agenda ist ein Kalender, der mit täglichen Betrachtungen durch die Fastenzeit führt. An welchem Tag diese Information über Harriet Carollisen zu lesen war, konnte ich aber nicht mehr ausfindig machen.

[5] Eugene O'Kelly *Auf der Jagd nach dem Tageslicht. Wie mit meinem bevorstehenden Tod ein neues Leben begann,* FinanzBuch Verlag, München 2006

[6] Midrasch Ruth Rabba (R.R. IV, 1), zitiert nach Erich Zenger, Das Buch Ruth, Zürich: Theologischer Verlag 1992[2] (Zürcher Bibelkommentare AT 8), 127.

[7] Wir. Hauszeitung des Alterszentrum Hottingen 1/2009, Eine Institution der Stiftung Diakoniewerk Neumünster, Schweizerische Pflegerinnenschule, Zollikerberg, S.10. Ein Bericht von Susanne Meier, der im Zürcher Oberländer vom 24. April 2009 erschienen ist. – Elisabeth Eidenbenz verstarb 2011 im Alter von 97 Jahren.

[8] Artikel von Regula Tanner, in: Zeitschrift Schweizer Familie, 27. Mai 2009

[9] Eveline Hasler, Ibicaba. Das Paradies in den Köpfen, Roman, Deutscher Taschenbuchverlag GmbH & Co. KG, München, 12. Auflage 2007, S.25f.

[10] Thich Nhat Hanh, Nenne mich bei meinem wahren Namen. Meditative Texte und Gedichte, Verlag Herder Freiburg im Breisgau 1998, S.166

[11] Ökumenische Kampagne von *Brot für alle und Fastenopfer* 2010: Stoppt den unfairen Handel. Recht auf Nahrung, Agenda mit täglichen Sprüchen und Betrachtungen, die durch die Fasten- und Passionszeit führen.

[12] Ökumenische Kampagne von *Brot für alle* und *Fastenopfer* 2010: Stoppt den unfairen Handel. Recht auf Nahrung, Agenda, 21. Februar 2010

[13] siehe z.B. bei: Pablo Richard, Apokalypse. Das Buch von Hoffnung und Widerstand. Ein Kommentar, Genossenschaft Edition Exodus, Luzern 1996, S.85

[14] Diesen Hinweis auf die Gemüsebeete und die folgende Auslegung von den Lerngruppen verdanke ich einem Vortrag von Luzia Sutter Rehmann, von dem ich eigene Notizen habe. Gehalten am Studientag der IG feministische Theologinnen Schweiz, Verwandlung essen. Feministisches zum Abendmahl, Basel, 29.8.09. Referat unter: www.theologinnen.ch.

[15] Dieser Zusammenhang wird entfaltet bei: Janos Bolyki, Jesu Tischgemeinschaften, Tübingen 1998. S. 235 und S.237. Ich danke Luzia Sutter Rehmann für diesen Hinweis.

[16] Heidi Rosenstock, Vom leiblichen Segen der Abigajil, in: Feministisch gelesen, Bd 1, hrsg. von Eva Renate Schmidt, Mieke Korenhof und Renate Jost, Kreuz Verlag 1988, S. 74f

ABBILDUNGEN

Die Abbildungen 1-3 sind Zeichnungen der Künstlerin Alejandra Pinggera. Sie wurden nach den Vorlagen der unten angeführten Gemälde gezeichnet.

Zur Person: Alejandra Pinggera Crook, geboren 1983, ist Scenographic Designerin, Kunstvermittlerin, Konzeptionelle Künstlerin und lebt in Zürich.

Abb. 1: Zeichnung nach dem Gemälde von Jean-François Millet, *Des glaneuses* (Ährenleserinnen), 1857, Öl auf Leinwand, (0,835m x 1,1m), Paris, Musée d'Orsay.

Abb. 2: Zeichnung nach dem Gemälde von Jules-Adolphe Breton (1827-1906), *La glaneuse* (Die Ährenleserin), 1877, Öl auf Leinwand (2.30m x 1.24m), Musée des Beaux-Arts d'Arras

Abb. 3: Zeichnung nach dem Gemälde von Simeon Solomon (1840 - 1905), *„Ruth, Naomi and the child Obed"*. Von diesem Motiv gibt es sowohl ein wunderschönes Gemälde, das sich m. W. in Privatbesitz befindet wie auch Zeichnungen, z.B. im Birmingham Museum & Art Gallery: Braune Tinte auf Papier, 1860 (230mm x 300mm). Diese Zeichnung wurde offenbar in das Gemälde umgewandelt, das sich in privater Sammlung befindet, war aber auch Grundlage für die Illustration der Dalziels' Bible Gallery 1881. Die Birmingham-Sammlung besitzt zwei Kopien dieses Buches und den Holzschnittblock für den Druck.

Abb. 4: Kampagnenplakat, ökumenische Kampagne von *Brot für alle und Fastenopfer* 2010: Stoppt den unfairen Handel. Recht auf Nahrung. Mit freundlicher Abdruckgenehmigung von *Brot für alle.*

BIBELÜBERSETZUNGEN

Buch Rut: Übersetzung Sara Amanda Kocher

Alle anderen angeführten Bibeltexte: © 2007 Verlag der Zürcher Bibel beim Theologischen Verlag Zürich. Wie im Vorwort erwähnt, habe ich in den Texten den Gottesnamen HERR mit dem Platzhalter GOTT* ersetzt. In diesem für mich umfassenderen und neutraleren Ausdruck sollen die vielfältigen Gottesnamen der Bibel und der Tradition enthalten sein. Dies ist entspricht auch meiner eigenen theologischen und liturgischen Sprache.

Printed by Books on Demand GmbH, Norderstedt / Germany